“引き寄せの法則”“思考が現実化する”
ということを矛盾なく学べるテキスト

100%自分原因説
で物事を考えてみたら……

著・秋山まりあ

Creative Power Method

はじめに

あなたは今、幸せでしょうか。満たされていますか。これからだれと、どのような人生を歩んでいきたいでしょうか。

あなたが今、どのような状況にいようとも、あなたが本気で自分の人生を切り開いていきたいと思ったら、その瞬間からあなたは「高次元の潜在意識の力である創造する力」（クリエイティブパワー）を使うことができるようになります。

自由で成功したいと思っていても、それを現実にできる人とできない人がいるのは、どうしてでしょうか。環境でしょうか。努力でしょうか。運がよかったからでしょうか。

「自分の思考が現実になる」ということを、どこかで聞いたことがあると思います。それはどのような意味でしょうか。引き寄せの法則というのを聞いたことがあると思います。その意味はどのようなことでしょうか。

成功する人、裕福で幸せな生活を送れる人は、どこがどう違うのでしょうか。あなたも幸せになることができるでしょうか。

クリエイティブパワーメソッドは、今あなたがどんな状況であろうとも、あなたが真剣に望みさえすれば、すべてをあなたの望みどおりに現実にできるということを学ぶメソッドです。

これからのあなたの人生を、輝かしいものにしていっていただくのがこのクリエイティブパワーメソッドの目的です。

あなたはただ、正しい方法でイメージング（思考）すればいいのです。クリエイティブパワーメソッドとは、思考は現実化する・100%自分原因説をわかりやすく習得できるようにしたメソッドです。

クリエイティブパワー（創造エネルギー）はだれでも持っています。あなたはクリエイティブパワーを無意識に使って今まで生きています。

意識的に自分の人生を自分で創造できるようになるために、さまざまなワークを通して潜在意識開発をしていけるメソッドです。

クリエイティブパワーメソッドでは、「思考は現実化する」と考え、「すべての現実は自分の思考が原因である」という100%自分原因説を基盤にしています。

今の自分の現実は、どんな思考からできているかを探っていきます。

あなたの潜在意識（無意識）が、どのような仕組みになっているのか、そして、無意識がどのように現実の生活に反映されているのか、無意識部分を自分でコントロールするにはどのようにしたらいいかを、専門用語抜きでお伝えする子どもから大人まで一緒に学べるメソッドです。

正しく新しいイメージ（思考）を送り出せば、あなたは自分の人生を自分のシナリオどおりに歩いて行くことができます。

人間関係・夫婦・恋愛・子育て・勉強・受験・仕事・昇進・ダイエット・美容・病気・ＥＴＣ……。

クリエイティブパワーメソッドを習得して、実際の生活にすぐに反映させていきましょう。すべての出来事はスムーズにまわりはじめます。潜在意識（無意識の部分）と仲よくなり、それを使いこなせるようになります。

今までなかなか自分の願いを潜在意識（無意識）に届けられなかった人も、願望を達成できなかった人も、どうして今まで達成できなかったかがわかるようになります。

自分の中の思い込みや信じ込みが、あなたの今までの人生にどのような影響を与えて、どのような現実を創っているか、それを調べながら、あなたがこの現実を創っているということを心の底からわかるようになるまで、クリエイティブパワーメソッドで学んでみてください。

また、クリエイティブパワーメソッドの独自のワークによって、潜在意識につながったことを容易に実感できます。

それにより、今までとまったく違う見方で見ることができるようになります。

願望実現セミナー・ヒーリング・ヒプノセラピー・心理セラピー・スピリチュアル系・自己啓発・さまざまなコーチング技法などの解決法で効果がない方はとくに、100%自分原因説を使ったものの見方を身につけることによって、今までにない満足感・幸福感・達成感を味わうことができるかもしれません。

100%自分原因説がわかった瞬間に、あなたは自由と富裕と成功と幸せを手に入れているでしょう。

クリエイティブパワー（創造エネルギー）とは

クリエイティブパワー（創造エネルギー）は、あなたに与えられたすばらしいパワーです。あなたの現実を今まで創造してきたのも、クリエイティブパワーです。あなたの人生をクリエイトしていけるのは、あなたしかいません。

クリエイティブパワーメソッドは、あなたが潜在意識とつながり、クリエイティブパワーを実感しながら、あなたのクリエイティブパワーを自由に使いこなせるようにするためのものです。

・潜在意識に願いを届けられない人
・潜在意識とつながっている実感のない人
・潜在意識開発ができたらいいなと思っている人
・潜在意識を自由に使いこなしたいと思っている人
・自分の人生をよりよいものにしたい人
・コアステートを味わってみたい人

・問題（トラブル）を解決したい人
・無の状態を味わってみたい人
・自分が生まれ変わったようにすがすがしく幸福になるのを味わってみたい人
・思考が現実化する仕組みを知りたい人
・自分の人生の目的を知りたい人

このような人には、今まであなたが「なぜ？」「どうして？」と感じてきたことの答えが見つかるかもしれません。

潜在意識と仲よくなる近道は、「今までのあなたの現実は、あなたがクリエイトした」ということを確認するところからはじめます。クリエイティブパワーの存在を確認しながら、自分のクリエイティブパワーを自由にコントロールできるようになりましょう。

クリエイティブパワーメソッドができるまで

１００％自分原因説で物事を考えられるようになったキッカケは、マーフィーの本からでした。

20年以上、不思議な出来事に興味を持ち、それを探求してきましたが、マーフィーの本を読んでからは、本格的に潜在意識についての研究をはじめました。

「思考が現実化しているとしたら、今の現実は私のどんな思考からできているのだろうか？」ということを一つひとつの現象から調べていくうちに、１００％自分原因説で考えないと矛盾が出てくることに気がつきました。

それからは、それを証明できるように、たくさんの現象から思考を読んだり、その思考を修正したりするにはどのようにするのがよいのかを探求していきました。

そして、潜在意識とつながる方法や、歴史や宇宙の始まりや終わり、時間の流れや過去や未来、先祖や前世、父や母、遠くで起こっている現象についてもクリアになっていきました。２００５年にクリエイティブパワーメソッドの初版が完成し、２００６年に公開するまでさまざまな独自ワークも完成していきました。

２００７年ごろからはスピリチュアルブームになり、書籍や潜在意識開発や自己啓発系のものがそれまで以上に目につくようになり、だんだんと「思考は現実化することが当たり前のようになってきたなー」と感じられるようになりました。

また、書籍やネット、テレビなどでは、催眠療法で前世療法をしたり、いろいろな潜在意識開発法が紹介されていきました。

ところが、１００％自分原因説で考えないと、これらの書籍をたくさん読んでも、よいといわれているワークをしてもどうしても問題が出てきます。

その問題とは「本当に効くの？」という疑問、つまり信じられない気持ちを持ってしまうことです。

この気持ちが出てきたら、潜在意識のパワーは使えなくなりますので、本に書いてあるとおりのことをいくらやっても効果はないか、一時的にとどまるかもしれません。

１００％自分原因説がわかってから、さまざまな書籍（マーフィーの本も、聖書など宗教の本も、その他の潜在意識開発系の本も、エネルギーワーク系のものも、宇宙科学も、心理学も、宇宙物理学系のものも）を読むと、違った見方をしている自分に気がつくかもしれません。

ぜひその感覚も味わっていただきたいなと思っています。

１００％自分原因説で物事を考えると、とってもイージーに生活が変わります。自然体になり、肩の力も抜けるでしょう。

トラブルが多いと感じる人は、錯覚が抜けるまでは少し時間がかかると思いますが、本当の自分に戻るだけですので、一番安心できる心地よさにたどり着けます。

「思考は現実化している」という本当の意味を、この本から受け取っていただければ幸いです。思考が現実化していることが信じられれば、あなたはあなたの新しく送り出す思考に重みと責任を感じるかもしれません。

そして、「思考は現実化する」という本当の意味を知れば知るほど、スピリチュアルな世界から離れて、現実に向き合っていくことも感じていただけると思います。

クリエイティブパワーメソッドで、自分が変わること、世界が変わることを実感していただければと思います。

著者

CONTENTS
目次

第３章　思い込みのパターンを知る

CONTENTS
目次

CONTENTS
目次

第10章　実践！　あなたを変えるクリエイティブパワーメソッド

CONTENTS
目次

1

あなたの世界が変わる クリエイティブパワーメソッド

100%自分原因説とは

今、あなたに起こっている現実は、すべてあなたの過去の思考によって創られています。

あなたの現実は、あなたの思考を変えるだけで変わっていくというのが、100%自分原因説の考え方です。

一見、「他の人のせいで自分がこんな目にあっている」と思える出来事も、じつは、「すべて自分の過去の思考が原因だ」というのが、とてもよくわかるようになります。それを学んでいくのが、クリエイティブパワーメソッドです。

今あなたに起こっている出来事は、すべてあなたの過去の思考の思い込みでできていることがわかったら……。それを心の底から理解できたら……。あなたの心を修正するのは、今よりもとても簡単です。

100%自分原因説で考えることができなければ、潜在意識を活用することはできないと考えます。どこかで矛盾が生じてくるからですね。

「思考は現実化する」ことや「引き寄せの法則」をうまく活用していくうえでも、

100％自分原因説をベースにしていくことで、今までの悩みや解決したいことや知りたいことに近づくことができます。

今まで潜在意識開発を研究した方でも、なかなか結果が出せないでいたとしたら、それは根本的な部分、つまり、100％自分原因説で物事を考えていないからというのが大きな原因かもしれません。

思考は現実化するということを深く考えて追求していったら、だれでもこの100％自分原因説にたどり着きます。ある一部分の思考は現実化するけれど、あの思考は現実化するはずがない……。

潜在意識開発をしていくと、この問題にぶつかります。

通常のセラピーや心理療法などを受けると、自分ではどうしようもないことが存在していて、そういうものは仕方がないから、

「許しましょう」とか、

「忘れましょう」とか、

「あなたは悪くないのよ」、

とあなたは被害者として認定されます。

現実を創ったのは自分の思考なのに、自分を美化して自分をいい人にしていきます。

そうすると、「私はいい人なのだから気にしないでいこう」という思考になってきますが、これはじつは他の人を見下す自分になっているということに気がつきません。

この自分ではどうしようもないと信じている部分に関して、一時的に気持ちが楽になることもありますが、実際は何も解決しません。

「この現実は私の責任だけれど、あれは私には関係ない」とか「自分は会社で理不尽な扱いを受けている。私は悪くないのに私ばかり認めてもらえない」とか「いつもよいことをしているのに何もしない人の悪口を言うA子のほうがみんなから好かれている」とか「いくら言っても子どもが自分で片づけができない。宿題をしない」とか「結婚したらこんな会社やめてやる、と思っていたけれど突然昨日クビになった」とか、これらは一見、自分の思考には関係ない出来事のようですが、すべて自分の思考が創りあげています。

この現実は自分のどんな思考が創りあげているのか？

未来はどうなるのか？

何で？

どうして？

と疑問を持ったことに答えを出してくれるのが、１００％自分原因説です。

自分ではどうしようもないと感じている現実を、「自分で好きに創造できるんだ！」と心の底から納得できるようになり、もう一度人生のシナリオを書きなおし、今日から新しい自分になっていきましょう。

思考は現実化する

潜在意識を研究していくと、思考の現実化について書籍で見たり、テレビなどで聞いたりして、「ふ～ん、そうなんだ」「思考は現実化するらしい……」と興味を持っていきます。

そして「思考が現実化するのなら、思いっきり楽しいことを考えよう！」と自分の叶えたい夢や願望を思考（イメージ）しはじめます。

ところが、なかなか考えたこと（イメージしたこと）が現実化しません。そうすると「イメージするだけではだめなのでは?」と考え、他によい方法を探しはじめます。

探していると、「アファメーションというのがあるらしい」とか「前向きな肯定的な言葉を言うといいらしい」という情報が入ってくるかもしれません。

そうすると、アファメーションの言葉を自分で作成したり、人に創っていただいたりして、毎日前向きなアファメーションをイメージとともに唱えるようになります。

だんだんアファメーションをするにあたって、最適な情報も入ってきます。

たとえば、アファメーションの言葉は、「現在進行形にして言うといい」とか「感情を入れるといい」とか「信じているといい」とか、いつも「ありがとう」「幸せ」「ついてる」「愛しています」などのように「感謝している言葉を言うといいよ」など、情報がどんどん目につくようになってきます。

そして、よいと思ったやり方を試していくでしょう。

しばらく試しても、アファメーションをしても、なかなか自分のイメージしたことが現実にならない場合、また他の方法を模索しはじめます。

思考が現実化するために最適な方法を探していると、さまざまな人が主催している潜在意識や心理学系の「セミナー」や「書籍」や「セラピー」や「自己啓発」や「催眠療法」や「ヘミシング」や「占い」や「宗教」や「未知なるもの」や「グッズ」や「光ワーク・エネルギーワーク系」などの情報が、自分のまわりにあふれ出します。

「人を許すといいよ」「怒らないといいよ」「笑顔がいいよ」「紙に書くといいらしい」「前世療法がいいよ」「あの音楽を聴くと幽体離脱できるらしい」「パワースポットでイメージするといいよ」「○○を持っているといいよ」「部屋にあの絵を飾るといいよ」「トイレ掃除をするといいらしい」など、さまざまな情報がまわりにあふれてきます。

その中から、あなたはそのときあなたが「いいな」と思ったものを試していきます。

それでも、うまくいったり、いかなかったり、なんだかスッキリしないのですね。つまりいろいろな方法を試すのですが、

●「やった～、彼と結ばれた」と思ったら、妻子持ちだったとか、
●「やっと借金を返せた！」と思ったら、1年後にまたローンができた。いつも余裕がないとか、
●「ダイエットで3キロ減った！」と思ったら、1ヶ月後にリバウンドしたとか、
●「営業成績があがった！」と喜んでいたら、すべてキャンセルになったとか、
●「復縁を願っていた」ら他の人と結婚するらしいとわかったとか、
●「シワやシミをなくしたいと思ってイメージングした」のにもっとひどくなるとか、

よいことを考えて、その考えを現実化させたくてがんばっているはずなのに、なかなか思いどおりにはなりません。

そればかりか、自分の願っていないことや、思考などしていないことがどんどん自分に起こってきて、「こんな現実はもうイヤだ！　潜在意識なんか開発してもダメなのでは？」と思ってあきらめたりします。

それでも自分の現実が、どんどん望まないほうへ行くので、「やはりなんとかしたい」と思い、自分のよいと思った別の方法をまた試していきます。

ところが「今度こそ」と思った方法を試しても、現実の世界はちっともよくならず、自分がやることに対して、人からいちいち否定されたり、認められずに悔しい思いをしたり、がんばろうとすればするほどイヤなことが起こってきたりするかもしれません。

こうなってくるともう目に見えない前世のせいにしたり、霊のせいにしたり、家のせいにしたり、両親のせいにしたり、占いのせいにしたり、友人知人のせいにしたり、家族のせいにしたり、自分をダメ人間と認定したり、するかもしれません。

あまりに自分の置かれた状態が悪くなると、今度は人と会うのがこわくなったり、不安になったり、発言を控えたり、意見を言わない傍観者になっていきます(逃げの時期)。

傍観者になって家にいると何も変わらないし、世間の目も気になるので、自分のためや人に認めてもらうためにさまざまな資格を取得するかもしれません。

ところが資格を取得する動機が不純だと、資格を取得しても自分の思った結果を得られずにうまくいかなくなります。

「新しいことをはじめてもうまくいかない」

「でも、今までの自分の仕事はストレスがかかって認めてもらえそうもないし」

このままでは苦しいから、今度は人を助けたり、人から感謝されそうなことをはじめるかもしれません。

それだと自分も救われそうだし、今までの仕事をしているよりなんだか尊敬される気がするためです。

それでも、偽善や逃げの思考ではじめたことは、自分の満足のいく結果を得られずに、満たされない気持ちが続いていきます。

「思考は現実化する」はずなのに、自分の願っていることがぜんぜん現実化されない。そういうふうに思えることばかりになっていきます。

じつは、「自分の願っていることがぜんぜん現実化されない」と思っている思考が存在していて、それが現実化していることに気がつきません。

思考が現実化しているのなら、まわりの人の行動や、言動を見れば自分がどんなことを考えて、信じていて、それがどのように潜在意識に伝わっているのかがわかるのですが、それに気がつきません。

思考が現実化するということは「自分がどのように信じたいか」ということが、

そのまま現実になるということです。

たとえば、「お母さんは私の意見をまったく聞いてくれなかった」と感じているとします。

それを信じたいのか、信じたくないのかを自分に聞いてみます。

「信じたくなくても本当に聞いていなかったんだから……」と思いたいのであれば、聞いていないことを信じたいと言っているということですね。

「意見を聞いてくれない」というのを信じたいならば、あなたの無意識部分は、それを正当化するために、聞いてくれないお母さんをどんどんどん現実化します。

そのため、聞いてくれないことを証明するようなさまざまなことが起こってきます。そして、「ほらね、やっぱり聞いてくれていないでしょ」と人に説明できるようになっていきます。

「思考は現実化する」というのは、宇宙で毎日毎分毎秒働いている法則です。これは、だれにでも平等に働いている法則と思いましょう。

あなたが今考えている思考が、そのまま現実化していきます。

「あなたがいつも考えていること」がそのまま思考として送り出されて現実化します。

裕福で愛する人と幸せな生活を送るためには、いつも考えていることに意識を向けるようにしてみましょう。

この瞬間にも、思考は現実化しはじめています。

あなたの潜在意識がどのように現実を創っているか

意識については第2章以降で詳しくお話ししますが、意識には大きく分けると「顕在意識」と「潜在意識（深層意識）」があります。

ここでは専門用語は使いませんが、顕在意識とは、私たちがいつも思考している表層意識のことと考えるとわかりやすいと思います。

一般的には、意識全体を100％とすると、表層意識は10％（5％）で深層意識が90％（95％）などと言われています。

この％はさほど重要ではないのですが、自分で認識できるのは表層意識だけですので、自分の中のほんの少しの意識しか理解できません。

そして、人は自分の深層意識を直接知ることができません。

でも、１００％自分原因説で考えると、「思考は現実化する」と考えますので、潜在意識を知ろうと思ったら、あなたの現実を見れば、あなたの元の思考がよくわかることになります。

表層意識で思考したことが潜在意識に引き渡されて、現実化に向けてすべての事柄が動きはじめると考えてみましょう。

思考したこと（顕在意識で考えたこと）が潜在意識に引き渡されて、あなたの現実を創っていきますが、どのように現実を創っていくかを知るためには、まず現実というものを定義する必要があります。

現実とは何なのでしょうか？

「現実は現実だよ」というあなたの声が聞こえてきそうですが、どういうものを「あなたの現実」としてとらえたらいいのでしょうか。

１００％自分原因説で考える現実とは、あなたが肉眼で見ることができるもの、あなたが直接聞くことのできるもののように、直接五感で感じることのできるものを現実と考えます。

この現実に対する定義が定まっていないと、１００％自分原因説で物事を考えられません。

１００％自分原因説で物事を考えるときの最初の一歩は「現実とは何か」ということを理解するところからはじまります。

現実とは、直接肉眼で見ることができるもの、直接聞くことのできるものなど、直接五感で感じることができるものとすると、次のものであなたの現実はどれでしょう？

・目の前のパソコン
・自分の手
・自分の目
・自分の足
・自分の腸
・自分のおへそ
・自分の胃
・自分の机
・自分の父
・自分の母
・姉
・空
・月
・地球
・流れ星
・ローマ法王
・次の信号
・自分の目の前に広がる景色
・テレビで見た芸能人
・ニュースで聞いた事件・事故
・今飲んでいるカップの中のコーヒー
・昨日飲んだ紅茶
・実家に住んでいる母親
・自分の目の前で話している子ども
・今、目の前で話している母親
・週刊誌で見たスポーツ選手
・友人が話していた、校長先生の奥様がきれいということ
・今、目の前で友人が話している友人の子ども
・友人が話していたおいしいお店
・父の友人のアナウンサー
・目の前にいる私の友人
・母に聞いたおいしい果物

現実ボックスには、これらが入りました。

■現実ボックス

- 目の前のパソコン
- 自分の手
- 自分の足
- 自分のおへそ
- 自分の机
- 自分の父（目の前にいれば）
- 自分の母（目の前にいれば）
- 姉
- 空
- 月
- 流れ星
- 自分の目の前に広がる景色
- 今飲んでいるカップの中のコーヒー

・自分の目の前で話している子ども
・今、目の前で話している母親
・今、目の前で友人と話している友人の子ども
・目の前にいる私の友人

地球は宇宙に行かないと見ることができません。宇宙飛行士なら月は現実ですし、芸能人に目の前で出会えばそれも現実になります。

五感で感じることができること、「自分の肉眼で見たもの」「自分がじかに触ることができるもの」などを現実と定義します。「だれかが話していたよ」というような、自分が直接聞いていない声は、現実でないと定義しなければなりません。

いろいろ考え出すとキリがないのですが、このように、あなたが直接見たり聞いたりできるものを「あなたの現実」と定義し、それ以外は、まだあなたの現実ではなく、「空想（思考）の段階」と考えてみましょう。

「ふ〜ん、そうなんだ」と思う人も、「そんなの変だよ」「どう考えたってそんなふうには考えられない」と思う人も無理に信じ込もうとしないで、その気持ちのままで続きを読んでいただければなと思います。

どこまでが思考（空想）で何を現実とするかを見る力が、じつは「思考は現実化する」ということを考えるときのキーになってきます。

この現実の定義があやふやだったために、「今までの潜在意識開発では、なかなか結果が出なかった」ともいえるくらい大切なところです。

顕在意識（表層意識）で思考したことが潜在意識（深層意識）に届き、思考の量が一定量を過ぎると、遠くのほうから現実化してきます。

遠くのほうで起こっていること、つまりニュースや本や人の話などは、100％自分原因説で考えるときには、あなたの現実とは定義しないでおきます。

自分の身近、つまり自分の直接の五感で感じられないうちは、自分の現実とは考えないということですね。

ところが、遠くで起きていることを信じて、それに意識を集中して同じ思考を送り続け、行動もともなってくれば、あなたの現実になる可能性が大きくなります。

これは良いことでも悪いことでもあなたの現実となってきます。

今、あなたの身近の現実が、あなたの望みどおりでないとしたら、あなたは過去にその現実を創り出す思考を持っていて、「そのことを信じて同じ思考を送り続けた」ということになります。

その思考を見つけて、「それは間違いだった、本当はこういう思考を送りたかった」と思考の修正をすれば、新しい現実が創られていきます。

100%自分原因説で考えると、あなたに起こっている現実も、遠くのほうで起こっている出来事も、すべてあなたの思考でできあがっています。あなたの思考以外ではあなたの現実は創られないと考えます。

近くで起こっているあなたの現実も遠くのほうで起こっているように見える現象も、あなたの思考がすべてを創りあげているというのを、これから納得するまで100%自分原因説で学んでみましょう。

引き寄せの法則とは

「引き寄せの法則」は、100%自分原因説で考えないと矛盾が出てくるのがわかってきます。

引き寄せの法則とは簡単に言うと、自分が思考したことによって、「あらゆる現実を引き寄せる」ということで、言い換えれば「思考しなかったら現実がない」とも考えられるくらいの宇宙の法則です。

内容はともかく、日本人でこの言葉（引き寄せの法則）を知らない人はいなくなってきたかもしれません。たとえば、こんな願いごとをあなたが引き寄せようとしたとします。

●彼や彼女と結婚したい・付き合いたい
●仕事で成功したい
●裕福になりたい
●自分はこれからどうしたらいいか知りたい

でもどうしてもうまくいかない……。今、悩みや問題を抱えている方でうまくいかない人は、思考が堂々巡りになってしまっていて悪循環の輪から抜け出せないのではないでしょうか。

・やる気が出ない
・自分に自信を持てない
・人をうらやましいと思う
・彼をとった彼女を恨む
・自分を傷つけた人を許せない
・裕福になりたいけど、自分はどうしたらいいかわからない
・容姿に自信が持てない
・夫がキライ
・子どもが不登校
・子どもが言うことを聞かない
・ダイエットができない
・なんのために生きているかわからない
・潜在意識を使えない
・引き寄せがうまくできない
・イライラする
・なんとなく体の調子が悪い

引き寄せの法則を実行している方は、思考は現実化するという宇宙の法則を使って引き寄せようとしています。

せっかく思考は現実化するということを知っているのに、実際は、ある思考は現実化するけれど、現実化しない思考もある、自分ではどうしようもないことも存在すると無意識で感じています。

たとえばAさんは、

「こんなに毎日1年間も彼と幸せになるところをリアルに想像していたのに、彼とうまくいくどころか新しい彼女と結婚するらしい……。私の1年はなんだったの……。思考は現実化するなんてうそよ!!」

とだんだん自暴自棄になってきます。でもやっぱり幸せになりたいですから、なんとか潜在意識を活用しようとがんばるとします。

「私が本当に彼とのことを信じないから、うまくいかないのかな……。絶対に彼女から彼を奪い返してみせる」などと思い、彼と彼女が別れて自分と幸せになるところを一生懸命イメージしはじめます。

でも、うまくいかない……。そればかりか、まわりの友人ばかり結婚していって、いつまで経っても自分は中途半端な仕事をして、だれからも相手にされない日々……。

自分にとってあまり歓迎しないことばかりが日常で起こるようになってきて、このまま孤独に老後を迎えるのかな……と。

もうそれはそれはネガティブ全開の思考になってきます。自分では抜け道がないようにさえ感じられます。お手上げ状態です。こんな状態のときは、前向きに物事を考えるなんてできないのが普通です。

こういう状態になったときは、「このトラブルも私の思考なの?」「この現実は私の思考なの?」と考えてみるときです。

100%自分原因説を使ったメソッドを使う場合、自分の現実は本当に自分の思考が創っていたというのがわかるまで、現実から自分の思考のパターンを調べる作業をしますが、今、悩みが深い人ほどこの過去の思い込みの思考を見るのはとても苦痛です。自分の思考を見たくないわけです。

どんなに言い訳しても思考は現実化するのですから、今の現実は確実に自分が思考したことがもとになっているのに、それを納得するまで自分のとんでもないわがままで傲慢で自己中心的な思考と向き合う必要があるからです。

これは、本当に落ち込みます。「まいった〜」という感じです。

今の悩みでいっぱいいっぱいなのに、過去の自分の思考がとんでもない思い込みのパターンを創っていたということを、「これでもか〜」というくらい見るからです。

そしてその思考を見れば、

●過去のこんな現実を創っていて
●現在のこんな現実を創っていて
●未来はこのままだとこうなるよ

というのまでわかってしまいます。もう「ゾ〜〜ッ」とするのですね。

これを「修正したい」「今をリセットしたい」「今のマイナスの思考にはメリットはない」、そう思ったら変われます。

100%自分原因説をしっかりと学んで自分のものにすると、過去のこの思考がこういう現実を創っていた、だから、この思考を修正すれば、自分で自分の人生のシナリオを今日から書きなおせるよ、ということが無意識部分（潜在意識、深層意識）に伝わり、顕在意識（表層意識）が納得します。

「自分は、自分が望まなければ人に影響されない」ということもわかってきます。

そうなると、人生バラ色です。この感覚を多くの方に味わっていただきたいと思っています。

引き寄せの法則の仕組み

よいことを思えば、よいことを引き寄せる。ネガティブなことを思えば、ネガティブな現実を引き寄せる。

これは「潜在意識で本当だと信じたことが現実化される」ということなのですが、100%自分原因説で考えると、もっとわかりやすいかもしれません。

あなたの現実は、あなたの思考どおりに現象化されています。

たとえば、あなたの世界が水滴でできていると仮定してみます。あなたの思考が水滴です。それが水溜り（あなたの思考の海）に落ちると、波紋が広がります。たとえば、自分が裕福で幸せな生活をしている姿を思考したとします。その思考はポトンと落ちて波紋が広がっていきます。あなたの最初の思考は、たったの1滴で小さかったのですが、波紋が広がると円周も大きくなってきますね。

あなたが円の中心でよいことを考えると遠くのほうに広がって、遠くではその思考が拡大して見えるので、すごく大きなすてきな出来事が起こっているように見えます（一番外周の波紋）。

たとえば、この場合、トップアイドルと俳優などの芸能人カップルの幸せなニュースを聞いたり、大富豪特集などの新聞記事やテレビを見るかもしれません。また、本屋さんではセレブ旅行やお金持ち特集や豪邸などの雑誌を見るかもしれません。

これがあなたの思考の外周です。

もう少しわかりやすくすると、たとえばこれがコップの中の出来事と仮定しましょう。

思考の送り出しと現実の引き寄せ

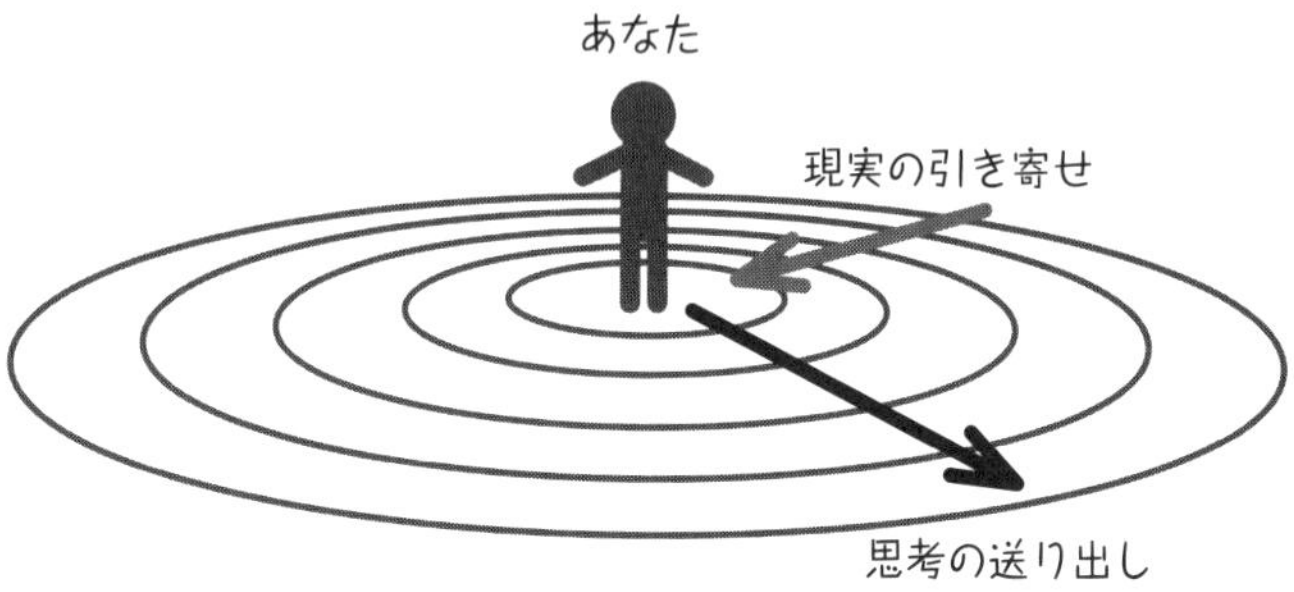

あなたの1滴の思考は広がってコップの内側に到着すると、波紋がぶつかって、また真ん中に戻ってきます。

送り出す思考の量が多ければ多いほど思考に重力が生じ、現実化してきます。一度広がった思考は、大きな出来事になったり分散した出来事になったりしますが、また戻ってくると凝縮して濃い出来事になってきます。

真ん中のあなたに戻ってくるとき、遠くからだんだんとあなたの願いが叶っていると感じます。身近な人で成功者が出てきたり、あなたが望むような暮らしをする人が現れてきたら、もう少しであなたも裕福で幸せになれます。

よく「成功している人をねたんだり悪口を言わないようにしましょう」と言いますが、

成功している人をねたんでいると、せっかく自分の思考が現実化して自分に近づいてきているのにそれを拒絶することになってしまいます。

自分のまわりに成功している人や、あなたの望む生活をしている人がいたら、思いっきり褒めましょう。

よいことを引き寄せようと思わなくても、あなたが心地よい思考（受け取りたいこと）を送り出せば送り出すほど、現実となってあなたに戻ってきます。あなたはできるだけ鮮明な思考を送り出すように、無我夢中になればよいのですね。

あなたは必ずあなたが送り出した思考を受け取っています。

受け取っていないと感じる人は、思考の量が少ないか、途中で受け取らない決断をしている人です（自分を否定したり、だれかを非難したり、否定している人）。

自分で小さなことからどんどんイメージして、思考を送り出して実験してみましょう。

そのときに注意することは、慣れるまでは、一度にたくさんのことを思考しないことです。ひとつの思考を集中して送り出すこと。そうすると早くに現実化するのを感じることができます。

1 あなたの世界が変わる クリエイティブパワーメソッド

2

潜在意識の働きを知る

意識とは

意識とは、心理学や哲学、精神分析学、医学などによっていろいろな認識の仕方がありますが、100%自分原因説では、意識を意識・前意識・無意識の3つに分けて考えてみます。

意識とは、元はひとつのものなのですが、ひとつのままだと、どういうものか認識することができません。つまり、中が見えないのですね。

ひとつのものは中が見えないというのをわかりやすくお話しすると、「意識」を卵にたとえるといいかもしれません。スーパーなどで購入した卵がひとつ、あなたの目の前にあるところをイメージしてみましょう。

この卵の中は黄身と白身に分かれていますが、外側から見ていては卵の殻しか認識できません。

自分が卵そのものだとしたらどうでしょう。自分が卵そのものだったら、何も見えませんね。

目の前に鏡が置いてあれば「これが自分なんだ」というのは見えると思います

が、自分がどんなものか、中身はどうなっているのかは見ることができません。人間の意識もこんな感じとイメージするといいかもしれません。

中を確認したいのなら、殻を割って黄身と白身に分けてみないと認識できないのと同じように、人の潜在意識も見えませんので、見る（確認する）ためには意識全体を顕在意識と潜在意識に分け、さらに潜在意識をパートごとに分ける必要があります。

卵の殻（顕在意識）を割ることによって初めて黄身と白身を認識したように、潜在意識もパート（思考の一部分）ごとに認識できるようになっています。

2 潜在意識の働きを知る

わかりにくいと思いますので、もう少し詳しく顕在意識と潜在意識を見てみましょう。

少し堅苦しくなりますが、専門用語はなるべく抜きでお話ししますね。

潜在意識を研究されているほとんどの方は、ご存知の内容だと思います。

100％自分原因説では、意識をこのようにとらえて話を進めていきますというのを感じていただければと思います。

今まであなたが信じてきた意識に対する定義や概念や思いは、そのままでも構いません。

「100%自分原因説ではこんなふうに定義して進めていくのか……」と感じていただければなと思います。

100%自分原因説での顕在意識と潜在意識

▼顕在意識（表層意識）

意識と前意識を顕在意識（表層意識）と呼びますが、顕在意識は意識全体のたったの5%と考えてみましょう。

●意識
いつも自分が考えていることで、自分が考えていると認識できるものです。
●前意識
普段は思い出さない深い記憶下にある思考ですが、必要なときには思い出せる意識のことです。

2 潜在意識の働きを知る

▼潜在意識（深層意識）

●無意識

自分では認識できない思考です。無意識のことを深層意識と呼びます。また潜在意識とも呼びます。人の思考のほとんどが、この無意識の認識できない場所に置いてある状態だと思ってみましょう。

意識＝表層意識＝顕在意識と考え、
無意識＝深層意識＝潜在意識と考えます。

言葉での表わし方なので、あなたがしっくりする言い方を使えばいいと思います。

顕在意識（5％）は普段自分が考えていることですので、それについては自分で認識できています。

潜在意識（95％）は自分で認識できないばかりか、この95％の深層意識に毎日支配されている感じと思うと、わかりやすいかもしれません。ですから、思考し

た覚えがないことが自分の現実になっているように感じますし、

「私のせいではない」

「僕のせいではない」

と、「どうしてこんなことになっているかがわからない……」状態に感じるわけです。


ところが、自分では見えない潜在意識は、じつは自分の思考によって存在している意識ですから、自分で新しい思考を送って修正することが可能です。

ここまでお話しした意識についてをまとめますね。

●顕在意識は、あなたが普段考えていることそのままですので、自分で認識することができます。
●潜在意識（深層意識）は、自分では認識できませんが、自分のまわりの人を見れば自分が何を信じていて、それが潜在意識に伝わっているのかを知ることができます。

　自分という人を認識するには鏡を見ればいいように、現実のあなたのまわりで起こっている現象ひとつひとつがあなたの潜在意識そのものであり、パート（潜在意識の一部分）です。

2 潜在意識の働きを知る

あなたの思考によって意識はできています。思考↓潜在意識↓現実という感じです。

繰り返して言いますが、思考したことが現実になるということは、現実を見れば思考がわかるという当たり前のような法則ができあがります。

もう少しわかりやすく言うと、

・世界の出来事
・自分のまわりの人（の考え）
・行動
・容姿
・環境

などなど、すべてがあなたの思考でできあがっていると考えるのが、思考が現実化するということなのですが、ということは、今あなたのまわりで起こっている現象を見れば、あなたは何を信じているのかがわかりますし、潜在意識にはどのように伝わっているのかもわかるようになります。

意識について考えるのはとても大切です。さらに少し詳しく見てみましょう。

顕在意識（表層意識）とは

今、考えている「思考」そのもののことをいいます。

意識全体の中ではたったの5％しか自分では認識できない部分ですが、たしかに自分が考えたことと認めることができる思考のことです。

たとえば、「なんで私はA子のようにスタイルも性格もよく生まれなかったんだろう？」とか、「うちは貧乏だから」というネガティブの思考から、「今日の夕飯はハンバーグにしようかな」「これが終わったらB社に電話しなくっちゃ」「今日のランチ、おいしかったな」などのように普通にいつも考えている思考です。

そして、「今日はすばらしい1日だったな〜。明日はもっといい日になるぞ」「うちの子っていい子だな。かわいいな」「うちの夫は私のことを愛してくれていて幸せだな」などのようなポジティブな思考など、毎秒・毎分・毎日、次から次へといろいろな思考をしています。

2 潜在意識の働きを知る

この自分で認識できている思考のことを顕在意識と呼ぶことにします。何気ない毎日の思考が、どんどん現実化していきます。

この顕在意識での思考を本当のことと心から信じれば、あなたが思考したことが現実になっていきます。

では、潜在意識とはどういうものをいうのでしょう？

潜在意識（深層意識）とは

自分が過去に考えたすべての思考が蓄積されているのが潜在意識と考えます。

過去のすべての思考が蓄積されているというのはびっくりですが、その量は膨大です。

どんなコンピュータよりも精巧ですばらしいのが、自分の潜在意識です。人の全意識の中で95％もの意識は潜在意識になります。

潜在意識は休むこともサボることもありません。あなたのために、あなたの思考を現実化させるために、そしてあなたの生命を維持するために、いつも働いていてくれる忠実な存在です。

あなたは、「今日はいいや、やめておこう」とか「面倒くさいから今度やろう」とかいうときもあると思います。

潜在意識がもし同じことをしたら、あなたはとっくにこの世にいないはずです。「面倒くさいから今日は呼吸をするのをやめておこう」という感じになるかもしれないからです。

あなたの潜在意識は、あなたの命令に忠実に従って、あなたの思考を現実化させているのに、あなたは「こんなこと思考していない」とか言って、自分が思考したのにそれを覚えていないどころか、イヤな思考が現実化したりすると、自分が思考したことも忘れて恨んだり、怒り出したりします。

これと同じことを他人にしていたら大変な恨みを買います。

あなたのために年中無休で働いている潜在意識に、あなたは「ありがとう」と言うどころか、頼んだことも忘れて、そんなこと頼んだ覚えはないと言っていることになるのですね。

それでもあなたのために、今日も変わらず、思考を現実化し、生命維持をしてくれています。

無償の愛を、潜在意識からいつも注がれているのを感じることができるかもしれません。

今はまだ潜在意識のことをそんなふうに感じることができない人も、その気持ちのままで、無理にあわせようとせずに読み進めていってくださいね。

2 潜在意識の働きを知る

潜在意識は、一人称でしか物事を考えられません。あなたも、潜在意識が一人称でしか認識できないというのを聞いたことがあると思います。

「なぜ一人称でしか考えられないんだろう?」と疑問に感じたところから100%自分原因説にたどり着いたのですが、これも思考が現実化するとか、引き寄せの法則を考えるうえで重要なキーポイントです。

気になる人は、潜在意識は「なぜ一人称でしか考えられないのだろう?」と考えてみてくださいね。

さて、「あの人なんか失脚すればいい」とあなたが思ったとすると、潜在意識は「あの人」を認識できませんので、「失脚すればいい」を現実化させます。つまり、願っているあなたが失脚するようにがんばってくれます。これはイヤですよね。

●陸上競技会や、さまざまな試合でも「相手がミスすればいい」という思考をしたとすると、相手というのを潜在意識は認識しませんので、あなたがミスするようにがんばってくれます。

●会社でイヤな上司がいて、あんな上司、早くいなくなってしまえばいいと思考すると、あなたが、会社に「いられない」、そして「いたくない」状態が次々に起こってきます。早く会社からいなくなれるようにがんばってくれます。

●恋愛成就したいがために、他の人と付き合っている彼の気持ちを自分に向けたくて、「早く彼の気持ちが変わって、私のことを好きになりますように」と思考していると、たとえ一時的にあなたと付き合っても、早くに気持ちが何度もころころ変わる人になるわけです。

ですから、恋愛成就の場合のイメージングは、とくに余計なことは考えずに、「大好き!」という気持ちを思考するようにすると早く成就します。

潜在意識は、あなたの命令（思考）にとても忠実です。

あなたが一度でも思考したことは、蓄積されて何度も思考すると、それを現実化させるために動き出してくれます。

あなたの世界のすべての想像のはじまりは、あなた自身であると感じてみましょう。

潜在意識の働き

潜在意識の働きについて見てみましょう。

潜在意識開発というと、あやしいもののようなイメージすら日本ではあります。ましてや思考は現実化するということを実際に信じている人は、どのくらいいるでしょうか。

思考は現実化するということは、思ったら（思考したら）そのとおりになる、ということです。思ったら叶うのでしたら、魔法使いのようでなんだかワクワクしますね。

でもこれを信じているというのは、どうしてもあやしいとか、うしろめたいとか考える人もいるかもしれません。さまざまな自己啓発や潜在意識開発セミナーや書籍などでの情報で思考は現実化するということも教えてくれています。

しかし、なぜか自分の願っていない現実に関しては、自分の思考の結果と考える人はほとんどいません。自分とはまったく関係ない人や目に見えない力によって、自分の人生が動かされていると感じる人のほうが多いと思います。

つまり、都合のよい現実のことは自分の思考のおかげ、都合の悪い現実のことはだれかのせいと考えています。これが自分に都合のよい潜在意識開発であり、自分に都合のよい思考は現実化するという考え方です。

意識に関しては、科学・物理学・脳科学・心理学的に解明されていない部分が多いので、自分の人生には自分でコントロールできないことがあるということを信じてしまうのも、もっともかもしれませんね。

何かひとつの学問で証明しようとしても、限界がくるのが人の心かもしれません。

心ってなんだろう？　潜在意識ってなんだろう？　自分ってなんだろう？

考え出したらキリがない質問だらけになると思います。そういった疑問に思ったことを追求していくと、たどり着くのが思考は現実化することであり、100％自分原因説を使ってのなぞときです。

2 潜在意識の働きを知る

潜在意識がどのように思考を現実化させていくか、本当に自分の現実はすべて自分が思考した結果なのか、これが心の底から理解できれば、今度は思考が現実化するのは当たり前になりますので、まわりの出来事を自分好みに変えることも、今までのいらない習慣をリセットすることも、何も知らないときよりスムーズになります。

では、実際に潜在意識はどのように働いているのか見てみましょう。

潜在意識の働きによって、たしかに思考が現実化されているというのを確認するのには、どうしたらいいでしょう。

思考が現実化するのなら現実は思考と考えることもできますね。つまり、今の現実を見ればあなたの思考は丸見えということです。こわいですね。

人によって、信じ込みや思い込みのパターンが違いますので、しっかりとした原因は思考を見ていかないとわかりませんが、だいたい次のような感じです。

あなたのまわりがお金持ちばかりだったら、あなたはお金持ちになるという思考を送り出していますし、逆にあなたも含めて、あなたのまわりの人がいつもお金に困っていたら、あなたはお金に困るという思考をしていることになります。

子どもが「面倒くさい」と言っていたら、あなたが面倒くさいと思っていることがあるということです。

では、恋愛でうまくいかない人はどのような思考かというと、いつも不安なことが頭から消えない人です。

また、「自分が何をしたいかわからない」という人は、そのままそういう思考を送っているからそういう現実になっています。

子どものことで「困ったな～」ということがある人は、困った状況（いつも困ったなと思っている）を思考している人です。

仕事でうまくいかないときは、「うまくいかないかもしれない」という思考をしていたということです。

だれかとトラブル中の人は、「そうなったらイヤだな」と思考していたということです。

スパムメールで、アダルトメールがよく入ってくる人は、アダルトな思考をしていた人です（無意識部分）。

大切なのは、なんでその思考をしていたかというところです。

なんでその思考をしていたかは、自分でそうだと信じてしまったからなのですが、つまりこの思考こそが、信じ込み・思い込みの思考なのですね。これは意識的に信じた場合も無意識に信じた場合もです。

自分で創った思い込みや信じ込みがパターン化されて、「同じパターンの法則」になっていきます。

この同じパターンの法則は、時間を超えて、人物を変えて、あなたの人生に繰り返し現象化します。

潜在意識の働きとはこのように、

●あなたの思考を忠実にスムーズに現実化すること

●そして、あなたの生命維持をひたすらまじめにすること

1日も休むことなくです。潜在意識はだれより働き者で素直で行動力・実行力があり、何よりあなたのことをだれよりも愛しています。それを毎日の生活で感じてみましょう。

なぜ人は変われないのか

潜在意識に興味を持ちはじめる人や研究しはじめる人は、今の生活（現実）をよりよくしたいという気持ちがある人です。

何も問題がない人は、潜在意識の存在すら気にしないかもしれません。

極端な例ですが、たとえば、お金に困ることがないと心の底から思っている人は、お金のことを意識することもないくらいお金があることが自然なことになっています。

愛にあふれていて幸せな人は、愛を意識することもないくらい自然なことになっています。表層意識（5％）にあがってこなくても、深層意識（95％）で自分が認識していれば、そのとおりになっているからです。

ちょうどあなたが、

・意識しなくても歯を磨けるように、
・意識しなくてもトイレで用を足せるように、
・意識しなくてもお箸でごはんを食べることができるように、

・意識しなくても自転車に乗れるように、

これらは最初は何度も練習してできるように習慣化させたことです。習慣化（パターン）を創ってしまえば、あとは命令しなくても、無意識がこなしてくれるようになります。

この法則はだれでも使っていますので、潜在意識なんてアクセスできないと思っている人がいるとしたら、それは思い込み（あなたの信じ込み）です。できないという思い込みを創ってしまっているということになります。

一度できないという思い込みのパターンを創ってしまうとそれが本当のことでないとしても、本当のことになるような現実を次々に生み出していきます。

あなたがそれに気がついて修正するまで、同じパターンのまま、あなたの人生のいろいろな時間、場所で起こってきます。

たとえば、私はお金がないという思い込みのパターンを創ってしまうと、もう自動操縦の飛行機に乗ったように目的地まで連れて行ってくれます。

ありとあらゆるお金がない状態を創り出し、不安を創り出し、どうにもならないと感じる状態までお金がないことをとことん楽しんでもらえるように、貧乏体験ツアーに連れて行ってくれる感じです（イヤですよね）。

途中途中でキレイなお金持ちゾーンを訪れたとしても、旅のガイド役のあなたが「貧乏はこっちですよ〜」と案内しなおしてくれます。

つまり、こうやって自分の信じる法則（思い込みの法則）を創っていくわけです。これを「同じパターンの法則」と呼んでいますが、あなたが潜在意識にアクセスして願いを叶えたいと思ったら、

・お箸を持てるようになったり、
・トイレに行けるようになったり、
・歯を磨けるようになったり、
・自転車に乗れるようになったり、

それと同じように習慣化するまでやる！

そういう気持ちで、つまり、そのくらい思考エネルギーを集中して、ポジティブな思考エネルギーを送り出していけばいいのですね。

そのときの最低限の条件が、必ずできると信じてやることなのです。なんとなくわかると思います。

お箸の正しい持ち方を練習しても、正しい持ち方で持てないと考えたら持てないかもしれません。自転車には練習しても乗れないと思ったら、乗れないかもし

れません。

人は変わりたいと心の底から思って、それを信じたら必ず変われるのですが、心のどこかで自分ではどうしようもないことが存在すると思っています。

自分の人生は自分でしか変えることができないという法則に気がつかないので、変わることができません。

今までどんなにポジティブな言葉を言ってきた人でも、願望が達成されなかったとしたら、自分の思考で現実は創られているというのを潜在意識レベルで信じられない人です。

自分を変えられないのは、だれのせいでもなく、自分の思考がたしかに現実化するということを信じることができないからです。

では、どうやったら潜在意識が「自分の思考を現実化している」と信じることができるのでしょうか。

自分が変わりたかったら、思考が現実化する仕組みや、現実から自分の思考を確認して、望まない現実を創り出しているのはたしかに自分だったと確認することが必要です。

問題と感じることがない人は、無意識に上手に思考を送り出しています。問題がある人は、100%自分原因説での考え方を取り入れて、こんなふうに考えてみましょう。

「今の現実は、どうやら私の思考が創ったらしい。まだよくわからないけれど、自分で変えることができるのなら、自分の見たくない思考と向き合ってみようか。本当に自分の思考がこんがらがって今の状況を創っているのがわかったら、自分の人生を変えることができるかもしれない！　調べてみよう!!」

100%自分原因説を使って、思考を修正し、現実を変化させるには、根本的なこと、つまり、今ある現実はたしかに自分が思考したことだったたと心の底から認めることが前提になってきます。

でも、目の前のことしか見えませんので、普通はこれがわかりませんし、どう見ても自分は人から不当に扱われていると思いたいですし、自分は○○されていると感じることが多いかもしれません。

本当はこの宇宙には、加害者も被害者も存在しないのですが、それがどうしても理解できないので、

・無理やり人を許そうとしてみたり（被害者）、
・いつも自分を卑下して卑屈になっていたり（自分が悪いと思えばいいんでしょ、のように＜加害者＞）します。

人が変われないのは、自分がこの世界を創造しているということを心の底から理解できていないからということになります。

１００％自分原因説というのは、「すべてのあなたの現実はあなたの思考から成り立っている」ということです。

つまり、世界中のどの出来事も、あなたの思考からできていると考えるということです。

これを心の底から納得するために、１００％自分原因説を使って、今のあなたの現象から、あなたの思考を読んで（リーディングして）いきましょう。

外側（顕在意識）を変えても元の状態に戻るのはなぜ？

一生懸命ポジティブな言葉を言ってみたり（アファメーション）、よい行いをしたり、書籍や人の言葉で納得して実行していても、その場その場ではなんとなく気持ちが楽になっても、結局、何も根本的な解決にはならずに元の状態に戻ってしまう人がいます。

こういうとき、「やっぱりダメだった……。でも、もっといい方法があるはずだ!」とまた別の方法を探しはじめるかもしれません。

または、「自分はなんてダメなんだ……」と落ち込んで、何もする気になれないかもしれません。または、「もうちょっとがんばってみよう」とアファメーションを続けるかもしれません。

顕在意識を無理やり変更しようとしても、潜在意識でそれを受け入れられなければ、あなたがアファメーションしたままの出来事が現実化するとは限りません。

アファメーションしてはいないけれど、心の奥底で思っていたほうが現実化したりします。

どうしてこのようになるかは、もうおわかりかと思いますが、わかりやすく言うと、あなたが本当だと信じていたことが潜在意識に伝わって現実化してくるからです。

2 潜在意識の働きを知る

あなたが本当だと信じたことというのは、あなたがいつも考えていることとイコールと思ってもいいです。

あなたが意識してこうなりたいと思ったことではなく、いつも考えていること、心から離れないこと、それが現実化していきます。

ですから、どんなに無理やり顕在意識を変えても不安の元の思考を修正しない限り、同じことを繰り返します。

同じパターンの法則が働いていますので、マイナスからプラスマイナスゼロの状態に戻って、なんとなくいい感じに思えるので、そこでいったん「YES！いい感じ」と思います。

それでゼロの状態に納得して、またマイナスの状態になっていきます。そして、マイナスの状態が長引くと、どうにかしたいと思い、またゼロの状態まで戻します。つまり、マイナスの状態を創り出してゼロにして、満足してまたマイナスの状態に持っていく……。

自分でマイナスの状態を繰り返して現象化しているのに気がつかず、うまくいかなくて困った状態になると、セラピーやカウンセリングなどに行き、ゼロまで戻してもらいます。

ゼロに戻すというのは、とりあえずしばらくはよい状態を維持できるので、それで満足します。でも、今までの同じパターンの法則がまた顔を出してきて、マイナスを創りはじめます。

顕在意識を変えても元の状態に戻ってしまうのは、このように同じパターンの法則を解除しない限りずっと続きます。

自分で創った同じパターンの法則とは、どのようなものなのでしょうか。

自分の人生で起こっている同じパターンとはどのようなものなのかを、これから100％自分原因説を使ってワークをしながら探ってみましょう。

そして、どうやったら潜在意識に自分のイメージを確実に届けられるかを考えてみましょう。

潜在意識に自分のイメージを確実に届けるには

潜在意識に自分のイメージを確実に届けるには、どうしたらいいでしょうか。

2 潜在意識の働きを知る

あなたは今までいろいろなことをやってきて叶ったこともあり、叶わなかったこともあり、どれが正しい方法かわからないかもしれません。

また、潜在意識は目に見えないと思っているので、自分ではどのようにしたら潜在意識とつながることができるかわからないと思っているのかもしれません。

思考は現実化するということは知っていても、それを自分に当てはめて考えることができないのかもしれません。思考は現実化しているとしたら、現実は思考のはずです。

ここから考えていけば早いのですが、自分の思考が現実を創っているとは心の底からは信じていないため、現実は思考とイコールということを受け入れることができません。

現実をしっかりと見つめて自分の思考（潜在意識）は、「こう感じている」し「こう表現している」ということを受け止めましょう。

今の現実は、たしかにすべてあなたが創ってきたものと、あなたが思考を探っていき、納得してくると「自分ってすごいんだな」「自分の潜在意識はなんでもできるんだな」「私は裕福になる権利があり、幸せになるために生まれてきているんだな」というのを無意識レベルで信じられるようになります。

そうなると、思考したことやものは、現実化することが当たり前のことになりますので、潜在意識にイメージを届けるのになんの邪魔も入りません。

つまり、「願いが叶わないかも」と思うことが一切なくなるので、潜在意識にイメージをスムーズに届けている実感がわいてきます。

また、現実化までのスピードも今までとは比較できないくらい速いでしょう。

思考は現実化するという本当の意味がわかってくると、マーフィー理論のような願望達成までのイメージングをしたり、ありとあらゆる潜在意識開発系の推奨している方法でアファメーションしたりしても、とてもスムーズにイメージが潜在意識に届きます。

潜在意識にイメージを確実に届けるためには、強く思うとか一生懸命思考するとかではないのですね。いつも考えていることが、そのまま潜在意識に届きます。

いつも不安だったら?

いつも不足を感じていたら?

いつも自分に自信がなかったら?

いつも親やだれかを恨んでいたら?

いつも不平不満でいっぱいだったら？
いつも人を批判していたら？
いつも「できない」と感じていたら？
いつも病気のことを考えていたら？

反対に、
いつもハッピーだったら？
いつも笑顔だったら？
いつもワクワクすることを考えていたら？
いつも「できる！」と信じていたら？
いつも満たされていると感じていたら？
いつも愛されていると感じていたら？
いつも絶対なる平和が自分の心にあると感じていたら？
いつもすばらしい結果を感じていたら？
いつも富に恵まれていると感じていたら？
いつも成功する、勝利すると感じていたら？

心がけて、いつもそうなりたいことを考えていきましょう。

不安なことやそうなりたくないことを考えることが、いかにマイナスになるかは、もうわかってきていると思います。

心からそうなりたいと思うことをイメージしていきましょう。

イメージする前提として、100%自分原因説で考えることができるようになっていると、スムーズに潜在意識にイメージが届くようになります。

つまり、自分の意識（思考）が世界を創っているということがわかるようになるということですね。

だれかが何かをあなたのためにするというふうに考えるのは、正しくないと感じはじめましょう。あなたが新しい思考をはじめなければ何も変わらないことに気がつきましょう。

潜在意識をあなたの味方にするには？

さあ、意識について少し細かく見てきましたが、この章の最後に、潜在意識を

2 潜在意識の働きを知る

あなたの味方にするのはどうしたらいいかをお話ししておきますね。

潜在意識を信じている人も信じていない人も、思考は現実化することを信じている人もいない人も、今、あなたがどちらでもまったく構いません。

潜在意識を信じても信じていなくても、あなたの中に潜在意識は存在しています。また、あなたが意識していてもいなくても、思考は今も現実化し続けています。

これは、あなたがどのように潜在意識を位置づけたとしてもまったく関係なく、あなたの潜在意識は現実を創造し続けているからです。

潜在意識を味方にしたいと思ったら、潜在意識を信じてみましょう。

あなたの潜在意識は存在していて、あなたの思考を現実化してくれていますので、大きな感謝とともに、自分がこうなりたいというイメージをしたら、すっかり安心してあとは潜在意識に任せてしまいましょう。

あなた以外のだれかが、あなたの人生を創っているわけではないということを受け止めましょう。すべてはあなたが発信地です。

あなたが思考しなければ、この世の中は止まってしまいます。潜在意識と仲よくなるには、目に見えるものすべては自分の思考でできていると仮定して信じてみることです。

潜在意識を味方にするには、潜在意識は自分のために今もこれからもずっと存在していて、あなたを癒し・生かし・愛し・あなたの思考を表現して、あなたがイメージした世界を、今この瞬間にも現実化させていることを感じることです。

潜在意識は、本当はいつもあなたの味方です。

あなたの思考を忠実に現実化させていますが、あなたは信じていません。それどころか、「なんでこんなことばかり起こるんだ!?」と怒ったりします。不満に思ったり、不安になったり、自分が思考したことが現実になっているのに潜在意識の働きを無視していきます。

自分のどんな思考がこの現実を創ったかそれを知りたくなったら、100%自分原因説を使って、思い込みの思考の中から同じパターンの法則を探します。この同じパターンの法則は、あなたの人生のさまざまなシーンでずっと繰り返されてきました。それを探し出します。

そして、思い込みの思考の中の同じパターンの法則の中から、なるべく古い思考を見つけて、その思い込みを解除します。つまり、思考の修正をします。

思考を見つけるとか思考を修正するとかいう言い方をしていますが、この方法をこれからここでゆっくり身につけていきましょう。

「今の現実は、どうやら私の思考が創ったらしい。まだよくわからないけれど、自分で変えられるなら、自分の見たくない思考と向き合ってみようか。自分の思考がこんがらがって、今の状況を創っているのがわかったら、人生を変えることができるかもしれない。調べてみよう！」

あなたの見たくない思考は何？

１００％自分原因説は、あなたの潜在意識を味方にするための道案内です。

何かの団体に属さなくても、特別に何かを使わなくても、だれかに頼らなくても、前世や過去や未来に振り回されずに、今あなたがあなたの意識を正しい方向へ持っていくだけで、次元が変わるようにあなたの現実が変わってしまいます。

登場人物の性格まで変わっているかもしれません。今日からあなたの意識に注目しましょう。

3

思い込みのパターンを知る

思い込みのイメージ(思考)が今のあなたを創っている

思い込みとは、どのようなものを言うのでしょうか。あなたの中で、当たり前のこととして認識していることが思い込みです。たとえば、

「兄はやさしい」と思っている人と、「兄は意地悪」と思っている人、

「父はかっこよくて尊敬できる」と思っている人と、「父はチビでブサイクで愚痴っぽい」と思っている人、

「妻はいつも笑顔でやさしく母親としても最高」と思っている人と、「妻は散財ばかりして掃除はしないし噂話ばかり」と思っている人、

「夫は仕事に誇りを持っていて疲れていても笑顔でやさしい」と思っている人と、「夫は家ではゴロゴロしていて家の手伝いは何もしない」と思っている人、

「大きな声を出すことは悪いこと」と思っている人と、「大きな声で話すのはいいこと」と思っている人、

「母乳は善」と思っている人(人工乳は悪と思っている人)と、「母乳も人工乳どちらも善」と思っている人、

3 思い込みのパターンを知る

「不況のときは仕事が見つからない」と思っている人と、「不況とは関係なく自分はやりたい仕事ができる」と思っている人、

「両思いになれたらすべてうまくいきそう」と思っている人と、「両思いになっても相手がすぐに浮気しそう」と思っている人、

「雨の日は気が重い」と思っている人と、「雨の日は気持ちいい」と思っている人、

「うちは貧乏だ」と思っている人と、「うちは裕福だ」と思っている人、

「自分はきれい（かっこいい）」と思っている人と、「自分はきれいじゃない（かっこよくない）」と思っている人、

「子どもはやさしくて自立心がある」と思っている人と、「子どもはわがままで世話が焼ける」と思っている人。

書き出したらキリがないのですが、このような思い込みから、所属している宗教での信じ込みや、所属している会社や団体の中での信じ込みなど、「こうしなければ（これをやらなければ）幸せにはなれない」というような思い込みを創っている人もいます。

あなたが当たり前と思っていることが、思い込み・信じ込みです。

この思い込みや信じ込みは、ちょっとした日常生活の中で増えていきます。
毎日毎分、あなたは何かを考えているのですから、そうなってほしいという願望よりも強く、あなたの人生で現実化していきます。

やっぱり就職できない……。
やっぱり恋愛成就しない……。
やっぱり受験に失敗する……。
やっぱりダメだった……。
やっぱりこうなった……。
やっぱりうちはお金がない……。
やっぱり縁がない……。
やっぱり宝くじが当たらなかった……。
やっぱりうちの両親は理解がない……。
やっぱり……。

と心の奥で信じていることが現実化しています。この「思い込み」という言葉は、

3 思い込みのパターンを知る

あなたの思考は現実化すると考えるうえでの重要なキーワードです。思い込みのパワーは、あなたの現実を創造するすごいパワーなのですが、気がつきません。潜在意識開発などと難しいことを考えなくても、この思い込みのパワーを認識して使ってみると、とてもしっくりすっきりと「あ〜、潜在意識につながっていたんだな〜」ということがわかってしまうと思います。

そのくらい、思い込み・信じ込みのパワーは大きな力を持っているのです。

自分がどのような思い込みを持っているかを調べてみると、あなたの現実はあなたがたしかに創っていたというのがわかります。

思い込みはパターンを創って、同じパターンであなたの人生に繰り返し現象化していきます。

あなたの望みとは違う、こんがらがった現実を修正するには、あなたの思い込みを探し、それとペア（類似している）になっている同じパターンの思い込みを探していきます。

多くの場合、ペアになっている同じパターンの思い込みは複数あります。

この思い込みの思考を探していく作業（ワーク）は、過去のあなたの思考と向き合うので苦痛に感じる人もいますが、思考を確認するためのワークですので、苦しくなることも自分を責める必要もありません。

あなたの過去の思い込みの思考が、たしかに今の現実を創っていたということを確認するためのワークになります。自分の思い込みはどんなものなのかを楽しみながら探していく感じです。

クリエイティブパワーメソッドでは、とことん自分の過去の思考（思い込み）と向き合うことをしていきます。同じパターンの思い込みを探し、そのどれかのパターンの思考を修正すると、同じパターンで起こっていた他の現象も修正されてしまいます。

思い込みの思考をたくさん探して、あなたの現実は自分が創っていたということをしっかりと確認してみると、世界が変わって見えるかもしれません。

自分の思い込みの思考が本当に現実を創っていたことを確認できると、これからの人生も自分で創っていけるという確信に変わります。

今まで、自分はこんなものだと思っていたがんじがらめの思考から解放されます。自由になれます。まるで宇宙空間から小さな自分を見ている感覚になるかもしれません。

あなたのまわりの風景は何も変わっていないかもしれませんが、あなたは今までの現実ではない現実に行くことになります。

ある人は、このような状態になると、「次元が上昇する」という言葉を使うかもしれません。またある人は「違う世界に移動した」という表現を使うかもしれません。またある人は「悟った」と言うかもしれません。またある人は「ハイヤーセルフにつながった」という表現を使うかもしれません。

どのような表現でも構いませんが、100％自分原因説を使って考えると、思考が現実化するという本当の意味がわかったという状態になります。

脳の錯覚・思い込みの法則

あなたの脳は、あなたの都合のよいように物事を認識します。記憶も操作されています。

たとえば1週間前の夕飯を思い出せないのに、過去のイヤだったことは鮮明に記憶して、その過去の思いに縛られている人もいます。その過去の思い出は、本当のことなのでしょうか。

あなたが思い込んだことは信じ込みになり、それが現実化していきます。

たとえば、「お母さんはわからずや」と思ったとします。

実際は、あなたの思いどおりにお母さんが動いてくれなかったから、わかってくれないと思ったのですが、そのときは失望と、不安と、不満と、怒りと、悲しみで「お母さんは何もわかってくれない」と思い込んだとします。

そうすると、それを正当化するために、また、あなたのお母さんが「どれだけあなたのことをわかってくれないか」を証明するために、あなたの現実は動きはじめます。

つまり、あなたのお母さんはもっともっとあなたの言うことを聞かなくなるでしょう。

あなたの思い込みどおりに現実化していきますので、あなたが一度信じ込んだことは、現象化していきます。そして、ますますあなたのお母さんは、わからずやになっていきます。

そしてあなたは、まわりの人にもあなたの考えが正しいことを自慢げに話せるようになります。「私のお母さんはわからずやでしょ?」と。

このころになると、あなたは最初の思い込みを創った出来事は忘れていますの

3 思い込みのパターンを知る

で、お母さんのイヤな面ばかりがあなたには見えます。あたかも自分はこの現実に無関係のような錯覚にはまっていることになります。

この現実がイヤだったら、この思い込みの思考が間違っていたと認めて手放さない限り、続いていきます。

あなたの思いどおりにならなかったとき、または、あなたの思いどおりになったときに、あなたの思い込みや信じ込みは創られていきます。

思いどおりになったときの思い込みのパターンは自信につながり、希望・確信・幸福感・達成感を感じるようになりますが、思いどおりにならなかったときの思い込みのパターンは失望に変わり、不満・不安・絶望・怒り・否定・悲しみになります。

そして、どちらの場合も思い込みのパターン（法則）を創り、同じパターンの法則を創っていきます。

あなたの現実は、あなたの決めた思い込みによって同じパターンの法則となり、繰り返し現象化されていくことになります。

あなたが本当のことと認識した思い込みや信じ込みは、そのまま現実になっていきますので、本当ではないことも本当だったと思い込むことになり、錯覚の中で現実を創っていきます。

同じパターンの法則

同じパターンの法則とは、どういうものでしょうか。

あなたの思い込みや信じ込みはパターン化していき、あなたの人生で繰り返し現象化するようになっていきます。

たとえば、「弱い人を助けたい」「困っている人を助けたい」という人がいるとします。一見、とてもよい思考のような感じがします。

しかし、弱い人や困っている人が存在しないと助けることができませんので、自分が満足できません。ですから､弱い立場の人を創らないといけなくなります。

そして、弱い人を創り出していきます。

つまり､人生の中で何回もマイナス(困難や問題)を創って､ゼロに戻す(助ける)ことをするようになります。立場の弱い人が目の前にいるようになると、その人を助けて満足していきます。

3 思い込みのパターンを知る

ですが、助けてしまえばもう立場の弱い人はいなくなりますので、また新たに立場の弱い人を創っていきます。そして、またその人を助けて満足します。

これが人生で繰り返されます。登場人物を変えて、時を超えて現象化していきます。

あなたが一度決めた思い込みは、それを修正しない限りずっと続いていきます。これを「同じパターンの法則」と呼んでいます。同じパターンの法則について、わかりやすく例をあげてみましょう。

T子さんのお話をさせていただきますね。

T子さんは、小さいころ最初はお友だちと仲よく楽しく過ごしているけれど、ある日からだんだん無視されたり、離れていくようになるパターンが何度となくありました。

よく父親が転勤したので何回も学校を変わりましたが、その度にとても気の合う仲のよい子ができたそうです。でも、仲のよいお友だちができると、なぜか途中で離れていかれたり裏切られたり、転校していったりしたそうです。

T子さんは、現在は彼との仲に悩んでいます。小学校までは女友だちと仲よくなると離れていくというパターンを繰り返してきましたが、中学卒業のころから彼とそのような感じになってきてしまいました。

中学時代に付き合った人とは、最初はラブラブで相手からもとても大切にされているのを感じたそうですが、だんだん「自分よりもかわいい子のことが好きになるかも……」という不安でいっぱいになり、ついにはそのとおりになっていました。

そしてある日、彼からフラれます。

中学でひとり。高校でひとり。大学時代でふたり。社会人になってから3人も同じパターンでフラれています。

これは、仲よくなった人とはうまくいかないという法則を自分で創って、その法則に無意識に従っているだけなのですが、本人は気がつきません。

こう何回も同じパターンで彼からフラれていたら、仲よくなった人とはうまくいかないということが本当だということを十分に証明できるくらいに、仲よくなった人とはうまくいかないという現実が起こってきます。あまりにも恋愛がうまくいかないと、

・自分はおかしいのだろうか？

3 思い込みのパターンを知る

・前世に何かしたのだろうか？
・どうして不安になるのだろうか？
・どうやったら幸せになれるのだろうか？

と堂々巡りの思考になってしまって、ますます悪いほうへ考えて、その結果、自分にとって好ましくない現実を引き寄せてしまうかもしれません。

思い込みの思考の修正方法については第5章でやっていきますが、簡単な修正法を少しだけここでもお話ししておきますね。

同じパターンで起こっている現象は、どこかひとつのパターンの解除をしただけで、他のパターンも解除されるという性質を持っています。

つまり、今現在、彼とうまくいかないというところの思考を修正するのではなく、小さいころ仲よくなったお友だちが離れていったそのときの思考を修正してしまいます。

そうすると、今同じパターンで起こっている、仲よくなった人とはうまくいかないという思い込みも修正されますので、自動的に彼とうまくいかないという思い込みも解除されます（少しこんがらがるかもしれませんが、詳しくは実践編

〈第5章〉でやっていきます）。

こういう思い込みのパターンで繰り返し起こっている現実がイヤだったら、まず、自分の思考を今まで現実化してくれていた潜在意識に感謝しましょう（感謝とは気がついて現実を認めて、今まで自分の思考を現実化してきてくれてありがとうと、心の底から思えるようになることです）。

そして、「もうこの現実は十分に味わったから必要ない」と宣言しましょう。

具体的なやり方は、実践編でお話ししますね。

１００％自分原因説を使って物事（現実）を見て、思い込みの思考や同じパターンの思考を探していき、修正すれば、T子さんが決めた同じパターンの法則である、仲よくなった人とはうまくいかないという思い込みは修正されていき、仲よくなった人とは幸せになるという新しい思い込みに変えることができます。

このように同じパターンで繰り返し起こる出来事は、あなたの思考の中で当たり前になっていること、つまり、信じていることです。

あなたの思い込みの思考を探しましょう。

そして、あなたの現実で繰り返されている同じパターンの法則を探しましょう。

あなたの思い込みのパターンは？

あなたの思い込みや信じ込みは、あなたの人生にとても大きい影響を与えています。

思考は現実化するという場合の思考とは、この思い込み・信じ込みのことと考えてもいいのです。思い込みの思考、信じ込みの思考のことですね。

たとえば、「できない」と無意識部分で思い込んでいれば（信じていれば）、実際にできない状況になっていきます。

「できる」と無意識部分で思い込んでいれば、実際にできる状況になっていきます。

たいていは小さいころに、思い込んだこと、信じ込んだことが、そのままパターン化されています。

その思い込みを創る思考は、「もっと○○をしてほしかったのにしてもらえなかった」ということからはじまっている場合がほとんどです。

わかりやすくたとえれば、よくおもちゃ売り場や、お菓子売り場で小さな子どもが、「買って～～～！　買ってくれるまで動かない！　イヤだイヤだ～」とだだをこねているのをイメージするといいかもしれません。

自分の要求したとおりにならないので、「不満になっている」というわがままいっぱいの幼い思考パターンです。

「自分の要求がとおらない」、つまり、思いどおりにならないと、居心地がよくないですから、居心地よく過ごせないのは不当な扱い（理不尽）を受けていると感じます（無意識部分です）。

小さいころを例にあげるなら、自分の言うことを聞かない人（母親など）に、「もっとかまって」「もっと抱っこして」「もっと言うことを聞いて」「もっと話を聞いて」「もっと遊んで」「もっと褒めて」など自分の思いどおりに、最優先してくれないということが不満で、ストレスになってきます。

この幼くてわがままな思考は、大人になっても顔を出してきます。

小さいころのこの幼い自分中心のわがままな思考は、成長するにつれて変化する人としない人がいます。

変化する人は、たとえばひとつの例として、「私はわがままだったな～。十分にいろいろやってもらっていたな～」と、あるときいろいろなキッカケで気がつ

3 思い込みのパターンを知る

き、ご両親に感謝できるようになる人の場合です。

安心・満足・幸福感にあふれ、自分を認めてもらっていたと心から思うことができます。そうすると、「あ、私のわがままだった！」と認識できますので、「どんなにわがままを言っても育ててくれたんだ」と些細なことでも、ご両親に感謝できるようになるかもしれません。

変化しないで、そのまま思い込みのパターンとして持ち越す人は、たとえばひとつの例として、「ひどい！　私のことはなんにもわかってくれない！　話を聞いてくれない！　頭ごなしに命令ばかりされる！　言っていることが一貫していない！　認めてくれない！　褒めてくれない！」と不平・不満が大きくなり、怒りや失望でいっぱいになる人の場合です。

不平不満をまわりの人にも理解してもらおうと話しはじめたり、毎日、自分がひどい目にあったことを思考していると、今度は起こってほしくないことを現実化させていきます。

恨み・怒り・不安・失望・悲しみなどの感情は、思考エネルギーが強いので、すぐにエネルギー量が現実化するに足りるだけの量になってしまい、よくない状態をもっと長引かせるかもしれません。また、失望・悲しみから抜け出せないかもしれません。

そしてふたたび、思考は苦しいこと、悲しいこと、不満なこと、不安なこと、怒りなどに占領されていき、あなたの望んでいない現実が目の前に広がっていきます。

あなたの思い込みのパターンは、いろいろなワークを通じて知ることができます。

毎日の生活で自分の思い込みのパターンを知るのに簡単な方法は、怒りの感情が出てきたら（イライラする、ムカつく、許せないなど）、その感情を書き出してみます。

▼たとえば、OLのA子さんが上司の言葉に傷ついた場合

A子さんは、次のように自分の感情を書き出してみました。

上司のあの言葉に傷ついた
↓

なんであんな言い方するの？
あんなにがんばったのに認めてくれない
あの子にばっかりひいきして、自分だって仕事をさぼっているくせに
←
何様だと思っているの？
←
あんな上司やめてしまえばいいのに……。

こんなふうに思っていることを言葉にして書き出してみます。ブラックな自分の思考が出てきます。これが「自分の思考なんだ」とまず認めましょう。
認めるということは「へ～、そんなふうに思っていたのか」と思うことです。
相手は関係なく、まるで第三者のように冷静になってみて、自分の思考のことだけを考えてみましょう。

上司のあの言葉に傷ついた↓自分はそう言ってほしくなかった
←

なんであんな言い方するの？↓そんなふうに言われたくなかった
あんなにがんばったのに認めてくれない↓認められたかった
あの子にばっかりひいきして↓自分にも注目してほしい
↓私は否定されている・価値がない人間なんだ
自分だって仕事をさぼっているくせに↓人を責める
↓
何様だと思っているの？↓攻撃の思考
↓
あんな上司やめてしまえばいいのに……↓攻撃・消滅の思考

こんなふうに、現実の出来事から思い込みのパターンを探すと、自分の思いどおりにならないことがあると、不満に思い攻撃するということが見えてきます。

100％自分原因説がまだ自分の中で納得できていないときには、どんなに理不尽に思うことでも、思考だけを抜き出して、まず考えてみます。

そうすることによって、思い込みのパターンを探すことができます。ひとつで

3 思い込みのパターンを知る

も思い込みのパターンが見つかったら、今までの人生で同じパターンで、この法則が使われているはずなので、その出来事を探します。

笑っちゃうくらい、同じパターンが今までの人生で繰り返されているのがわかります。

それも、その思考のはじまりはとても小さな出来事だったりします。自分の思いどおりにならなかったから怒ったり、回避したり、恨んだり、いじけたり、「攻撃してきたんだ」ということがわかるようになります。

この段階で、思い込みを解除すれば、同じパターンでこれ以上の現実を創り出すことをストップできます。

今回の例のような怒りの感情（思い込みのパターン）を長い間そのままにしておくと、自分が攻撃的な思考になるので、まわりの人からも攻撃を受けるようになります。

まわりの人はイヤな人ばかり、イライラさせられる人ばかりに感じるでしょう。

そして、あまりに自分の状態がひどくなると、攻撃されないように無関心を装って、自分の中の攻撃の思考を引っ込めます。

ところが、攻撃の思考を修正したり解除したりしたわけではないので、行き場を失ってもんもんと発散場所を探しはじめます。

そうすると、自分は攻撃の思考を引っ込めたのに他の人が自分の攻撃の思考を現実化しはじめます。今度は自分が人から攻撃を受けるようになります。

何もしていないのに（おとなしくしているのに）、だれかから攻撃されそうで（怒られそうで）、なんとなく不安な気持ちで毎日を過ごすようになってしまいます。

自分が今、不安という人は、自分の不平不満から来る怒りの思い込みのパターンを、長い間そのままにしてきてしまったということでもあります。

過去にまでさかのぼり、紙に書き出してみて、自分の思い込みのパターンをしっかりと探してみましょう。

今までの思考の量が多い場合は、古い思い込みの思考を解除したあと、新しい思い込みの思考の量が今までの思い込みの思考の量を超えるまでは、現実は変化してきません（ややこしいですね）。

少し時間がかかりますが、これ以上、同じ古い思い込みの思考を送り出さず、新しい思考を無我夢中で送り出せば、あなたのクリエイティブパワー（創造エネルギー）が新しい現実を創りはじめます。

あなたの思い込みのパターンを探しはじめましょう。

現実から思い込みのパターンを探すワーク

怒りの感情が出てきたら、その感情を書き出す
（イライラする、ムカつく、許せないなど）

▼

書き出したブラックな思考を自分の思考と認める

▼

冷静になって自分の思考だけを抜き出してみる

▼

思い込みのパターンを探す

▼

思い込みのパターンが見つかったら、
これまでの人生の中から同じパターンになっている出来事を探す

▶ あなたの思い込みのパターンは？

4

あなたの人生のストーリーを確認する

あなたは最初どのような人生の目的を持っていたか？

100％自分原因説で考えると、あなたは自分の人生の目的を考えてから生まれてきていることになります。

あなたの人生の目的は、どのようなものだったのでしょうか？

その目的はもう果たせているのでしょうか？

これからの人生で何をしたらいいのでしょうか？

一体なんのために生まれてきているのでしょうか？

さまざまな疑問がわいてくるのではないでしょうか。100％自分原因説では、視野を高次元まで広げて考えます。

三次元のこの現実だけを見ていては、なかなか宇宙の真理にたどり着けないかもしれません。イメージしてみましょう。

あなたがこの宇宙の創造主だったとしたら……。地球の見える宇宙空間に浮かんでいるあなたをイメージしてみましょう。

4 あなたの人生のストーリーを確認する

あなたはどんなかっこうでしょうか?
あなたは次に何を創るでしょうか?
あなたはどのくらいの大きさをしているでしょうか?

あなたは物質社会ではなく高次元の「思考の世界」にいます。思考の世界では、せっかくきれいな地球や大地や空や草があっても触れることはできません。大地に下りて生活したくなるかもしれません。

寿命を何年に決めるでしょうか?
人生で何をやり遂げたいのでしょうか?
男性になりたいでしょうか、女性になりたいですか?
どんな家で暮らしたいでしょうか?
どんな父や母を必要としますか?
兄弟は必要でしょうか?
あなたは何番目に生まれたいでしょうか?
どこの国に生まれたいでしょうか?
どんな性格の子になりたいでしょうか?

何を仕事にしたいでしょうか？

自分でストーリーを設定できるとしたら、どんな一生にしたいでしょうか？

最初から最後まで幸せいっぱいで何不自由ない生活がいいでしょうか？

自分のまわりの人もすべて幸せいっぱいで、なんの不自由もない人ばかりがいいでしょうか？

裕福な人ばかりがいいでしょうか？

貧困や差別や犯罪はまったくなく、すべての人が同じ家に住み、すべての人が裕福で満たされているのがいいでしょうか？

困ったことはまったく存在せずに、怒りもケンカも口争いもなく、穏やかなのがいいでしょうか？

テレビにはいつも笑顔で幸福に満ちた風景が映り、戦争も飢餓もなく、災害も起こらず、みんないい人で、すべての人に同じように満足する仕事があり、成績も全員がよい成績で、習いごとはそれぞれ何かしらやっていて、やっていることはプロと言われるくらい上手になり、不幸がない世界、何も不満のない世界、不足なものがない世界。

毎日だれもケガもせず、だれにも困難なことは起こらず、怒りもなく、すべて

4 あなたの人生のストーリーを確認する

の人が自分の好きな家に住めて、好きな人と暮らせて、自分の好きな容姿で、聞き分けのいい子どもがいて、すばらしい親がいて友人がいて、満たされていて、それ以上望むことが何ひとつない状態の世界です。

明日も明後日も、毎日毎日同じ幸せな日々。

そんな世界は退屈かもしれません。あなたはひとりではなく、たくさんの人に囲まれ、さまざまな経験をしたいから、肉体を持って、この現実という世界に来たと考えてみましょう。

冒険をしたい、達成感を味わいたい、すごい人になりたい、感動を与える人になりたい、だれよりも絵が上手になり、認められたい、困った人を救う人になりたい、世界一の天才になりたい、世界一の大金持ちになりたい、困難なことを乗り切って幸せになってみたい……。

こんなふうにドラマのように退屈しない、自分にとって魅力的なストーリー（シナリオ）をあなたは組み立てて、そして生まれてきています。

あなたの潜在意識は、あなたの創ったストーリーを記録して実行しはじめます。

あなたは生まれたときに、自分の創ったストーリーの記憶を潜在意識に渡して任せてしまっていますので、それがなんだったかを知るには、潜在意識にアクセスする必要があります。

100%自分原因説を使って、さまざまなワークをしながら潜在意識にアクセスし、あなたの人生の目的を探っていきましょう。

あなたはシナリオ（ストーリー）ライター

あなたは、毎日の暮らしの中で自分の決めたあらすじに肉づけをしながら、より魅力的なストーリーを創造しています。

思考が現実化する世界に住んでいるあなたは、自分の送り出した思考に責任を持つことがとても大切です。

あなたが送り出した思考は、どのような思考も潜在意識に受け渡されます。その思考の量が一定量を超えると現実化します。

毎日の積み重ねの思考があなたの現実を創っていき、あなたのストーリーのあらすじに厚みを持たせていきます。

4 あなたの人生のストーリーを確認する

どのようなストーリー展開にしていくかを、あなたは自分で決めることができます。

つまり、脚本（シナリオ）を考えていくことができます。また、他の人はあなたの現実を変えることはできません。

100％自分原因説で考えれば、あなたの現実ではあなたが主役です。大胆に自分の望みを確認してみましょう。そして、「自分が本当に望んでいること」「本当に思いたいこと」、そこに意識を集中しましょう。

自分の気持ちと逆の気持ちや、うそを言わないように気をつけて、本当に感じていることだけに集中してみましょう。

もし、このとき自分の思考が「人を自分の思いどおりにしたい」という思考だったとしたら、潜在意識のパワー（クリエイティブパワー）は使えません。

だれかを自分の思いどおりにしたいという思考を感じたら、それは幼いわがままな思考ですから、そのとおりには現実化しません。

潜在意識は一人称でしか物事を認識しませんから、だれか＝自分です。あなたがあなたの現実の創造主です。

たとえば、彼（彼女）に好きになってもらいたいと思っても、彼（彼女）＝あなたと潜在意識は認識しますので、自分に自分のことを好きになってほしいと思っていることになります。

あなたの思考を魅力的にすることによって、それに見合った環境になり、それに見合ったまわりの人になっていきます。

自分を磨いて魅力的な人になっていくと、シナリオにも厚みが増し、魅力的なストーリーになっていきます。どんどん思考を送り出しましょう。

あなたが決めた人生のストーリーは確実に現実化している

あなたは、今までの人生をたしかに創造していました。

あなたのクリエイティブパワー（創造エネルギー）は、あなたが意識していようがいまいが関係なく、あなたの現実を創ってきていました。

最初に決めたあなたのストーリーは、小説で言うとあらすじ部分です。実際に毎日を過ごす（思考する）ことによって肉づけされ、魅力的なシナリオに仕上がっ

4　あなたの人生のストーリーを確認する

ていきます。場面場面で、細かい設定はどんどん変化させることができます。

あなたのクリエイティブパワーは、いつでも今の思考を取り上げてくれるからです。今どう思うかで（何を決めるかで）あなたの現実は変わっていきます。

あなたが最初に決めたあらすじが、たとえば「最初普通の家に生まれて、少し乗り越えることがあって、最後には裕福で幸せになる」だったとしたら、普通の「家の定義の細かい設定」や「経済状況」や「乗り越える出来事の設定」、「困難の創り出し」、「乗り越えるキッカケ」、「仕事」、「恋人」、「結婚相手」、「裕福の定義」などは、あとからどんどん決めていくことができます。

自由に設定していいのですね。どのような経過にしても、最後は裕福で幸せになることになります。

ところが、毎日の生活の中で、最初に決めたあらすじから違ったことを思考しはじめると、胸の辺りがモヤモヤとしてスッキリとしません。落ち着かないし、うまくいかないことが増えていきます。

潜在意識は、あなたが当初決めたあらすじから大きく離れていってしまうときには、「あなたの当初のストーリーから離れていってしまうよ」ということを、そうやって教えてくれます。

あなたのまわりに起こっている出来事で、うまくいかなくなって潜在意識からアドバイスを受けたいと思ったら、うまくいかない出来事のことを考え、そのことに対する自分の意見を言ってみます。

あなたの意見が、あなたへの潜在意識からのアドバイスです。実践編でしっかりとワークをしてアドバイスを受け取っていきましょう。

このようにあなたは、自分の立てた人生のストーリーやあらすじのことは忘れていますが、潜在意識がナビゲートしてくれます。

そして、細かい設定は毎日のあなたの思考が担当してくれて、あなたの決めたシナリオは確実に現実化していきます。

新しい思考の送り出し・新しい現実の引き寄せ

自分で創った人生のストーリーのあらすじに、肉づけをしながら毎日過ごしていることを実感してくるようになると、必要のない思考や好ましくない思考、幼い取り残された思考にぶつかるかもしれません。

4 あなたの人生のストーリーを確認する

そういう思考は修正しない限り、あなたの人生をこれからも創っていきます。

わがままで傲慢で自分勝手な思考は、まだあなたには必要でしょうか。

もう必要ないと思ったら、思考を修正することができるようになります。

あなたの自分勝手な思考・怠慢な思考・わがままな思考、傲慢な思考・無視をする思考・攻撃の思考など、自分にとって好ましくない思考を探し出してみましょう。


まずは、自分の思考を書き出してみます。

・お金持ちになりたいけれど、労働はしたくない
・今の自分は、あいつのせいでこうなっている
・人生を変えたいけれど、何もする気になれない
・幸せな人を妬んでしまう
・かわいい人は性格が悪い
・顔が悪い人は性格も悪い
・期待しすぎると、あとでガッカリするから期待しない
・一生懸命働いているのに、自分は理不尽な扱いを受ける。同僚も上司もろく

なやつがいない
・すごい人の前では、自分に自信が持てない
・学歴がないので、馬鹿にされている気がする
・彼（彼女）に好かれたいが、他の人を好きになるかも
・母や父に認めてもらった記憶がない
・両親に褒められたことがない
・ダイエットしたいけれど、できない
・言ったことをすぐにしない子どもをつい怒鳴ってしまう
・車間距離をあけて走っていたところに車が入ってくると腹が立つ
・兄や姉が父や母の面倒を見ないのが腹が立つ
・自分さえ黙っていればイヤな思いをしないかも
・あいつのことは許してやろう
・あんな人の顔も見たくない
・自分のことをしている最中に邪魔が入るとイヤだ
・約束していたけれど、他のことがしたくなったのですっぽかす
・彼を独占している奥さんが憎たらしい

4 あなたの人生のストーリーを確認する

・何をやっても長続きしない
・自分のまわりの人はイヤな人、キライな人ばかり

どんどん思っていることを吐き出してみましょう。自分の問題の思考が何なのかがわからない場合は、自分がイライラすること、怒りを感じることから書き出してみましょう。

自分の思考を書き出してみたら、次に、その思考をしたときに感じたことや、その思考をしたときに対象となった人物に言いたいことを書き出してみましょう。

100%自分原因説で考えると、自分が人に言いたいことは、自分に対してのアドバイスにもなっています（自分＝人のため）。

アドバイスを受け取ったら、自分に置き換えて考えて、思考を修正して自分の行動をあらためます（思考の修正に関しては、実践編でしっかりと習得します）。

そして、しっかりと修正できたら、新しい思考を送り出します。

現実を創っている思考を探し出すことも、修正することもできるようになってくると、新しい思考を責任を持って送り出す重要さも理解できてきます。

思考は現実化する前に修正してしまったほうがずっと楽です。

自分に好ましくない思考をしてしまったら、すぐに「今の思考はウソです。本当はこっち！」と思考が習慣化して現実化する前にデリートしましょう。

現実化してしまっている思考もしっかりと修正できるようになったら、新しい思考を送り出して、新しい現実を引き寄せましょう。

そして、自分で自分の人生をもう一度コーディネートしていきましょう。

5

思い込みのパターンを消去するには

思い込み・信じ込みによる過去の思考の恐ろしさ

あなたの思い込みや信じ込みによる過去の思考は、とてもパワフルです。過去の思考が元になって、新しい思い込みを創っていきます。そして、その新しい思い込みが元になって、また新しい思い込みを創っていきます。

こうなると、最初の思い込みの思考がなんだったのかがわからなくなってきます。一度できてしまった思い込みは、習慣化されて同じパターンを創り、無意識のうちに現実化されていきます。

たとえば、「うまくいっても長くは続かない」という無意識レベルでの思い込みがあるとすると、あなたはまったく意識していなくても、潜在意識はよいことは長く続かない状況を創り出そうと動き出してくれます。

そうすると、せっかくうまくいったのにダメになったりします。

たとえば、「強い人は助けてもらえない」という無意識レベルでの思い込みがあるとすると、「弱い人でいないと、だれも助けてくれない」と思うようになり、弱い人でいようとしますし、助けてもらうような現実を創っていきます。

また、100%自分原因説で考えられると、自分ひとりが存在していると考えますから、助ける人も自分になります。

つまり、弱い人を見るとほうっておけない自分になります。そして、その弱い人を助けるとホッとします。安心して、満足します。

「強い人は助けてもらえない」というような思い込みを創った人は、弱い自分を創るために無意識のうちに病気になったり、借金を創ってみたり、仕事が見つからなかったり、さまざまな現実を創造していきます。

自分も困った人・弱い人になっていきますが、他の人も困った人にしたり、弱い人を創り出したりします。

自分のまわりは、そういう困った人でいつもいっぱいで、あなたは困った人を助けることで満足感を得ていくようになります。

その結果、あなたはお金の相談をされたり、お金のトラブルがあったり、病気の親族がいるようになったりします。

あなた自身は大きな病気になることはありませんが、身近な人が病気だったり、子どもが病気だったり、職を失ったり、相続のトラブルがあったり、詐欺にあったりするかもしれません。こういうことが、あなたのまわりで日常的に起こってきます。

あなたが「強い人は助けてもらえない」という法則を創った段階で、弱い立場の人を創り出していき、あなたはその時々で強い人にも弱い人にもどちらにでもなりながら、人生は進んでいきます。


思い込みの思考は、とても大きなパワーを持っていますので、あなたの今までの人生を見ていくと、あなたが生まれる前から同じような現象が起こっていたのがわかってきます（同じパターンの法則）。

たとえば、お父さんとお母さんの出会いからあなたの思い込み「強い人は助けてもらえない」というのは生きています。

100％自分原因説で考えれば、あなたがお父さんを創り出していますし、あなたがお母さんも創り出していると考えますから、あなたは、お母さんをとても立場の弱い人にして、お父さんが「助けてあげなくては。幸せにしてあげなくては」と、結婚したかもしれません。

あなたの子どものころも、あなたのまわりの人が病弱で、あなたやまわりの人と一緒に看病したり、介護したりして助けたかもしれません。

5 思い込みのパターンを消去するには

また、喘息やアトピーで病院通いをしていたかもしれません。家族に見守られて居心地がよかった時期もあったかもしれません。

また、あなたの家族があなたに関心を示さずに、ほったらかしにしていたかもしれません。そんなあなたを不憫に思って、やさしくしてくれる人がいたかもしれません。

社会人になって人からだまされたり、相続やお金の管理や借金などで弱い自分を創ってあげているかもしれません。そして、そんな自分にやさしくしてくれる人がいるかもしれません。

弱い人も強い人も自分で創り出しているのですが、日常のことなので、これを自分が創り出している現実とは気がつく間もなく、トラブルが多い人生のように感じてしまっています。

このように思い込みや信じ込みによる過去の思考は、あなたの人生において、あなたの現実として過去から未来まで何度も同じパターンで繰り返していきます。

脳の錯覚を取る

100％自分原因説で考えれば、あなたしかこの世界に存在していないと考えるのですから、すべての出来事はあなたと関係しています。あなたが思考したものしか存在していません。

たとえば、過去の歴史も、今遠くで起こっている飢餓や戦争も、死後の世界の話も、宇宙の始まりも、前世も来世も、すべてあなたの思考が創りあげていると考えます。

そうは言われても、今起こっている現象についてまではなんとなく理解できても、歴史上のことや宇宙の始まりまでは、とても自分が創り出したとは思えないかもしれません。

お母さんから生まれたのに、お母さんも自分が創ったってどういうことでしょうか。

あなたが生まれる前から父も母も生きていたのに、おじいちゃんもおばあちゃ

5 思い込みのパターンを消去するには

んも生きていたのに、歴史は動いていてたしかな存在感で教科書にまで残っているのに、それでも自分の思考からすべてができているといえるのでしょうか。

生まれる前には、あなたはどこにいたのでしょうか。

この謎解きをするのにずいぶん長い間、現象から思考を読み解いていきました。

でも、この三次元の世界にいるだけではどうしても見えない部分があって、自分の常識だと思っていた思い込みが邪魔をして、なかなか本質が見えてきませんでした。

そんなとき、私は不思議な体験をして、映像として、いろいろなものを見ることができるようになりました（詳しくは、セッション・マスターコース・養成講座でお知らせしています）。

今見えているものも含めて、これらがすべて錯覚だとしたらどうでしょうか。

過去の出来事も、今のあなたの思考次第で変わってしまうとしたらどうでしょうか。

「そんな魔法みたいなこと、起こるわけがない」

そう思いたいでしょうか。そう信じたいでしょうか。

それとも、「自分の思考で変わるのならもう一度やり直したい」と思うでしょうか。

それとも「もう一度生まれるとしても、今と同じ人生を歩みたい」と思うでしょうか。

あなたがどう思いたいか、何を信じるかであなたの現実は変わっていきます。

生まれる順番で兄弟の性格が決まるというのも、血液型で性格がわかるというのも、占いで出る結果も、すべてあなたがそのように決めただけで、最初から決まっていたわけではありません。あなたの思い込みです。

この世界の隅々まで、あなたの思考でできていますので、あなたが無意識部分で信じていることは、そのようになっていきます。そういう現実を創りあげていきます。

目の前に見えていることはあなたの現実ですが、それさえも錯覚だとしたらどうでしょうか。

たとえば、あなただけに見えているとしたら？

目を瞑れば真っ暗になって何も見えなくなるように、たとえば、あなたが家から会社や学校に行っている間は、あなたの家は存在しているのでしょうか。あな

5 思い込みのパターンを消去するには

たが学校や会社に行っている間、家族は存在しているのでしょうか。

ミステリー映画のようなお話になってきてしまいましたが、錯覚というのはとてもとても大きいものです。

あなたが見ることができる範囲以外の風景は、存在しているのでしょうか。母から生まれた記憶はあるでしょうか。

人が生まれたのは見たことがあります。だから、自分も同じように生まれたと思っています。

人が亡くなるのは見たことがあります。だから、自分も死ぬときはこんな感じかなというのを感じているかもしれません。

でも、あなたは死んだことがあるでしょうか。あなただけ違うとしたら？

あなたの現実ですから、あなたが存在しなければすべてははじまっていません。たとえば、本当はあなたは母親から生まれていないとしたら？

錯覚を取り除いていくと本当のことが見えてきます。少しずつ錯覚を取り除いていきましょう。

錯覚を取り除いた世界を知りたいと心の底からあなたが思うときが来ます。そのときに、錯覚の向こうの世界が見えてきます。

今までの常識ではありえないような思考をベースとして学んでいくのが、クリエイティブパワーメソッドです。

同じパターンの法則のリセットの方法

同じパターンの法則という言葉は何回も出てきているので、なじみの深い言葉になってきていると思います。

その同じパターンの法則をリセットすると、どうなるのでしょうか。同じパターンで起こっている他の現実も自動的にリセットされていきます。

たとえば、Kさんの事例で見ていきましょう。

Kさんは「好きになった人はいつか自分から離れていく」という思い込みがありました。

この思い込みは、同じパターンで人生の中で何回も繰り返されます。小学生時代、中学生時代、高校生時代、大学生時代、社会人、結婚後にいたってまで、不安な日々を過ごしています。

5 思い込みのパターンを消去するには

好きになった人は、男女関係なく離れていってしまうのですから寂しいですね。自分に自信を持てない人は、この傾向が強いかもしれません。人と比べて自分を測る人ですね。

人にどう思われるか、人よりどれだけよいか悪いかで自分の価値を見出す人です。

Kさんはいつも人に遠慮しています。いつも困ったことが起こります。でも、いつも平気な顔を装って過ごしています。

虚栄心が高く、自分のことを一番に認めてほしいのに認めてくれなくても平気なふりをして、ストレスを溜めていきます。

それなのに、認めてくれないと自分が拒絶されていると思って、とても落ち込みます。この世が終わるような感覚にすらなっています。

こういう小さいころから続いている「同じパターンの法則」をリセットするには、ワークをしていきます。

まずは、アングリーワークで自分の怒りを見つけ、その怒りに対して言いたいことを書き出します。大切なのは書き出すことです。

対面での1~2時間のセッションでは、なかなか錯覚を取り除いたり、深層心理を修正するまではできません。

あなたが過ごしてきた現実の望ましくない状況の期間が長ければ、かなり多くの望ましくない思考を送り出していることになります。

これから送り出す理想の現実の思考の量が、あなたが今まで送り出した望ましくない思考の量より多くなったとき、あなたの現実がガラッと変わりはじめます。

理想の現実の思考を送り出す前に、好ましくない思考を送り出すのをストップする必要があります。

そして、ストップした望ましくない思考は、引っ込めるのではなく修正するかデリートします。まとめると、

1 同じパターンの法則で起こっている現象を探す
2 望ましくない思考を送り出すことをストップする
3 ストップした思考を修正またはデリートする
4 新しい理想の思考を送り出す

では、さっそく同じパターンの法則の思考を修正してみましょう。修正ワーク

はいろいろなものがありますが、ここでは「やり直しワーク」をします。やり直しワークとは、イメージの中で過去の出来事をもう一度やり直すワークです。

あなたの過去を変えるには？

やり直しワーク（思考修正ワーク）

過去の思考を修正すると、過去の出来事まで変わった感覚を味わうことができます。

ここでのKさんの事例は、「好きになった子は離れていってしまう」でしたね。これをどのように修正したら理想の思考になるかを、まず考えてみます。

Kさんは「好きになった子とは仲よしになり、ずっと仲がよい」に変更することにしました。

同じパターンの法則で起こっている現象の中から、今起こっていることではなく、過去にそのパターンで起こった現象を探し出してみます。

小学生より幼ない記憶で、近所のお姉さんに、自分と遊んでいたのに急に「来ないで」と言って置いていかれたことがありました。そのときを思い出します。イメージの中で、そのシーンをやり直します。もちろん詳細は思い出せないはずですから、細かいことは気にせずにイメージの中でやり直してみます。

まず、Kさんはイメージの中の小さいころの自分に入ってみました。そして、お姉さんが「来ないで」と行ってしまうところをイメージしました。Kさんは「置いていかないで、寂しい」と思ったようです。

今度は、同じシーンでお姉さんの中に入ってみました。お姉さんであるKさんは、「来ないで」と言って、小さいころのKさんとバイバイします。お姉さんのKさんから見て、小さいあなたは寂しそうな顔をしています。

このときのお姉さんの気持ちになってみたKさんは、お姉さんは他の同級生の女の子と遊びたいという気持ちがあって、小さいKさんは邪魔だと思っているようでした。

お姉さんの中に入ったKさんは、小さいKさんのことを大好きだったので、「一緒に行こうか?」と手を差し出してみることにしました。

小さいKさんの顔がパーッと明るくなって、ニコニコするところが見えました。「明日も明後日もずっと一緒に遊ぼうね」と言ってみました。小さいKさんは、手をギューっと握ってきて「とってもかわいい」と思いました。

今度はお姉さんから出て、今のシーンを小さいKさんの中に入ってやり直してみます。「来ないで」と言われて不安になっているところに、お姉さんがクルッと振り向いて、「一緒に行こうか」と笑顔で言って手を伸ばしてくれたので、うれしくなってきました。

そして、大きいお姉さんは、「明日も明後日もずっと一緒に遊ぼうね」と言ってくれて、とっても安心してうなずきました。お姉さんのことが「大好き！」と思いました。お姉さんのやさしい笑顔で、心があたたかくなりました。

Kさんは、ここまでのワークをしました。やり直しワークは、なるべく昔の現象をやり直します。

同じパターンで起こっているどれかひとつの現象のやり直しワークをして、その現象が修正されると、同じパターンで起こっている他の現象も修正されてしまいます。まだ、思考がこんがらがっていない単純な最初のパターンだからです。

この後、Kさんは何回か同じワークをしていきます。1日に2回以上するときもありました。昔のイメージの中で、お姉さんと小さいKさんは、いつでもとっても仲よしになりました。

Kさんの今現在の悩みは、彼が遠くに離れていってしまうかもしれないという不安でした。1ヶ月ほど、彼からの電話もメールもなくなってしまっていたからです。

やり直しワークをはじめてから2週間くらいがたったころ、メールも来なくなった彼からKさんに電話がありました。

週末に会うことになり、久しぶりのデートになりました。前から行きたかった遊園地のチケットが取れたからと誘ってくれたのでした。

彼はとてもやさしくて、それまでの不安が吹き飛ぶくらいに楽しく過ごすことができ、今までのことを謝ってくれました。

「仕事がうまくいかなかったので、自分のことで精一杯で余裕がなかった。ストレスだった。君が不安なのもわかっていたのに、他の子と遊びに行ったりして本当にごめん」と言ってくれて、「ずっと一緒にいよう」と指輪まで一緒に買いに行き、左手の薬指にはめてもらったそうです。

思考の修正をして新しい思考を送り出したのは昔のイメージの中でなのに、今の現象まで変えることができたのです。

同じパターンの法則を見つけ出して、思考の修正やリセットをしてみると、あなたのクリエイティブパワーを実感できるでしょう。

思い込みのリセットの方法

同じパターンの法則で起こっている現象から思考を見つけることができる場合、そのパターンで起こっている現象のうち、どれかひとつの思考を修正すれば、同じパターンで起こっていたその他のすべての現象も修正されてしまいます。

でも、同じパターンを探せない場合も、今の現象から思い込みの思考を見つけて思考をリセットすることができます。

また、思い込みがなんだかわからない場合も、今の現象から思い込みの思考を見つけて思考をリセットすることができます。

思い込みのリセットにはたくさんのワークを用意していますが、ここでは代表的なワークをご紹介します。

アングリーワーク（思い込みを探してリセットする方法）

まず、修正したい思い込みの思考を探します。

昨日行った映画館のチケット売り場で並んでいたとき、横入りしてきたおばさんに「腹が立った！」という現象について、100％自分原因説の考え方を使って、この現象を起こすことになった思考を探し修正してみましょう。

こういう状態の場所でこういう人を目の前にしたら、どんなことを言いたいかをセリフにして書き出してみましょう。

たとえば、その怒りが小さいものでも大きいものでも構いません。ちょっとムカつく程度でもいいのですね。怒りをセリフにして、実際にその人に言うような感じで書き出してみましょう。

「ずるい！　ちゃんと順番守ってよ。子どもじゃないんだから！」という怒りの言葉が浮かんだので書き出します。

100％自分原因説で考えると、人に言いたいことは自分が言われていることですから、だれかから「ずるい！　子どもじゃないんだから！」と言われていることになります。これは潜在意識からのメッセージでもあるのですね。

だれから、どんなところがずるいと言われているのでしょうか。

考えてみると必ず、思い当たる自分のずるい部分が見つかります。その思考を見つけたら修正していきます。

たとえば、ここで見つかったずるい思考が、「朝、早起きすると新聞と牛乳を取りに行かなくてはならないので、わざと妹より遅く起きていることかな……」と思ったとしましょう。

あなたには、このずるい思考はまだ必要でしょうか。もし、もう必要なかったら修正しましょう。

「本当はもっと早く起きられるのに、寝たふりしたりして、ずるい思考は私には必要ありません」と宣言します。

そして、「明日から朝の朝刊や牛乳は私が取ります」と決めてみましょう。そして、決めたとおりに毎朝、行動を起こします。どんなに怠けたくなっても、ずるさは出さないようにしていきましょう。

思考を修正して、行動をあらためていき、それを毎日意識的にすることで、今度はそれが習慣になります。

習慣になったことは当たり前のことになりますので、無意識で行えるようにな
ります。ちょうど歯を磨くように。そうすれば新しい思考の送り出しはうまくい
き、現実にも反映されていきます。

ずるい思考がなくなってくれば、ずるく感じる現象に遭遇することはほとんど
なくなるでしょう。また、遭遇してもあなたは気に留めることはないでしょう。

他の例も見てみましょう。Aさんは、「今日ランチで入ったレストランで、小
さい子どもがうるさかった！　母親がそばにいるのにほっぽらかしの子ども。公
衆のマナーぐらい教えろよ!!」という怒りが出てきました。

この場合は「○○くらい教えろ～、うるさい」と、あなたもだれかから言われ
ていたということですね。

「うるさいと人に言われることはなんだろう？　だれかに何かを教えなきゃなら
なかったかな……」と考えてみると、自分が修正するべき思考が見つかります。

Aさんの場合は、すぐに自分の子ども（息子）に言われていると思いました。
いつも「勉強しなさい」「しっかりやりなさい」と言っていた！　その度に「う
るさいなー」と言われていたのです。

まずは思考の修正です。今までのことを思い出し、息子にしっかりと宿題を教えている姿をイメージングしました。息子が頼り過ぎないように、答えまでは出さないように工夫してみました。

そして、息子が「ありがとう!」と言っているところをイメージングしました。

また、実際の行動にも移しました。

毎日息子が助けを必要なときは、時間を取って、宿題をきちんと見てあげることにしました。

そんな日常にしたところ、1ヶ月を過ぎると、息子は宿題をする時間帯が決まり、自分ひとりでも勉強するようになったので、お母さんの仕事はひとつ減りました。

うるさいと言われている思考も、何に対して言われているのかがわかれば解決できます。

アングリーワークは、忘れていたり隠れていたりする自分の中の怒りの思考を見つけて実行する方法です。慣れるととても楽しくなるのが、アングリーワークです。

自分の思考をどんどん修正しましょう。

「アングリーワーク」のおさらい

怒りの現象を探す

▼

怒りをセリフにして、その人に実際に言う感じで書き出してみる

▼

人に言いたいこと＝自分が言われていること

▼

だれからどんなことを言われている？

▼

言われていることの中から、思い当たる部分を見つける

▼

その思考はまだ必要？

▼

必要でなければ、思考を修正する

▼

宣言して決めたとおりに行動する

▼

行動をあらためていき、毎日それを意識することで、新しい習慣が生まれる

▶ だれからどんなことを言われている？

6

新しい人生のシナリオは？

あなたの人生の目的は？

あなたの人生の目的はどのようなものだったのでしょうか？
あなたは何のために生まれてきているのでしょうか？
自分の人生の目的を知るにはどうしたらいいのでしょうか？
このようなことを思ったことはないでしょうか？
自分はなぜ生まれてきたのだろうか？
どうしてこの時代なのだろうか？
どうしてこの国なのだろうか？
どうしてこの家に生まれたのだろうか？

あなたは、生まれてくる前に、たしかに自分の人生の目的を決めて生まれてきています。
それを知るには、普通は潜在意識にアクセスする必要があります。どうやって、アクセスしたらいいでしょうか。

6 新しい人生のシナリオは？

潜在意識にアクセスするワークも何種類かありますが、ここではヘブンワークをしてみましょう。このヘブンワークは、潜在意識につながっていることを意識しないうちに、あなたの人生の目的を教えてくれるワークです。

ヘブンワーク（天国ワーク）

ヘブンワークとは文字どおり、天国でのイメージワークです。イメージの中で、あなたには一度、人生を終えてもらいます。

たとえば、120歳まで生きて家族に見送られて、幸せに天国にのぼっていくところからイメージ（想像）してみましょう。

空の途中には天使が迎えに来ています。天使と一緒に空にのぼっていくと、キラキラしたまばゆいばかりの光が空いっぱいに広がり、一瞬何も見えなくなりました。

光が落ち着くと、光の奥に天国の入り口が見えてきました。大きな、とても大きな金色の光に包まれている白い扉があります。

天使たちがその扉に近づくと、扉が開き、きれいな緑の草原が見えます。中に入っていくと空は澄み切った青空で、鳥や蝶が飛んでいます。

寒くもなく、暑くもなく、心地よい風が吹いていて、とても気持ちがいいです。ふと手を見るととても若い手になっています。走ってみると、まるで鹿になったみたいに軽やかに走ることができます。

草の感触をたしかめながら走っていくと、少し小高い丘に神殿がありました。どうして神殿かと思ったかというと、ギリシャ神話に出てくる神殿のように真ん中が膨らんでいる大きな柱が何本も立っているからです。

神殿はあたたかな光を放ち存在しています。どうしてもそこに行きたい気持ちになってきます。心地よさそう……。早く行ってみたい……。そんな気持ちでいっぱいになりました。

神殿に着くとたくさんの人がいました。階段や広場に座って、楽しそうに話しています。

その人たちを見て、「あ、リリーがいる！」「あ、スーザンだ！」「あ、あっちにはメロディもいる！　久しぶりだな。みんな元気そう。あれ？　なんで私ここにいるみんなを知っているの？　そうだ！　ずっとここにいたんだ！」

6 新しい人生のシナリオは?

すごい勢いで生まれる前のことを思い出していきました。私がボーゼンと立ちつくしていると、みんなが私に気がついて近づいてきました。

「お帰りなさい！　下の暮らしはどうだった?」

みんなの目は興味津々です。

「ただいま。いろいろあったけれど楽しかったわ！」

あなたは、楽しかったことをみんなに話しはじめます。

大変なこともあったけれど、今思い返せば、もう自分はそれを考えなくてもいいので、苦しかったことやイヤだったこと、つらかったことは笑って話せるのです。

あんなに気持ちをかき乱された出来事もなつかしく感じました。

「あー、いろいろな体験ができたな……」

素直にそう思える自分がいました。

「そうだ！　私はいろいろなことを体験したくて下界に行ったんだっけ。どんな体験を望んだっけ？　あ、孤児院で育てられて大変な思いをするけれど、大きくなって大金持ちに自分の発明の才能を買ってもらって、貧乏生活から一挙に有名になって、裕福になるんだった!!　わー、忘れてた！」

不思議でした。とにかくこの天国にいるみんなに自分の下界での生活を話したくて仕方がありません。

なんと言っても、みんなとても目をキラキラさせて楽しそうに聞いてくれるので、話していてうれしいのです。ひととおり話したところでリリーが聞きました。

「それでどんな人生にしたかったんだっけ？」

そう聞かれて、先ほど思い出した人生の目標を言いました。

みんなは興味津々で聞いてくれます。

「それで、最後まで達成できたの？」

スーザンに聞かれました。

「ううん、途中でストーリーがわからなくなってしまって、発明するところまではいったんだけれど、それを息子に渡したところで幸せを感じちゃって、帰ってきちゃった」

「でもいい人生だったな。いろいろな経験できてよかった」

このように、ヘブンワークをすると自分の人生の目的が見つかります。

イメージの中で、今のあなたの人生を終わりにしてしまうと、とても自由で平和が訪れます。それまで重石があって、とても考えられそうもなかった夢を描けるようになり、すばらしいイメージがどんどんあふれてきます。

これ以上、現世で体験しなくてもよくなるからです。お金も必要ないし、仕事にも行く必要がないし、しがらみや悩みもなくなって、ただそこにいる状態になれます。

さて、それでは、あなたが今生きている人生の目的がわかったところで、今度は自分の未来を見てみましょう。

あなたの未来は自由自在(未来トーキング)

未来トーキング

天国でたくさんの仲間に囲まれて、あなたはあなたの人生についての目的をみんなに話しましたが、その続きを見てみましょう。

「今度生まれ変わったら、どんな人生にしたい？」

リリーが聞いてきます。

「今度は最初から満たされて平和な暮らしがしたいのね。そうだな、世界的に有名なデザイナーになりたいな……。私のブランドを創って、若い人にもお年寄りにも男性にも使ってもらえるブランドがいいかな」

「障害は創る？　創らない？」

スーザンが聞きました。

「デザインで争うライバルを創ろうかな。男性の。でも、まったく分野が違って、その人のデザインはすごくいいの！　それで私は私で地位を築いて、その人も地位を築いて、ある日ばったり出会って恋に落ちて、すごく幸せになるの。その延長に結婚があって、みんなに祝福されて、子どもにも恵まれて、いつも笑顔の生活をしたいな……。今度生まれたらそのストーリーでいくわ!!」


こんなふうに、あなたは生まれ変わったらデザイナーになりたいという目的を創りました。

「できない」という思い込みがまったくないので、あなたは自由にイキイキと新しい人生の計画を立てることができました。

このあなたが立てた新しい人生の目的は、じつは今からでも実行可能なことなのです。

できない、ダメかも、という思い込みがない状態でのあなたのイキイキとしたイメージングは、すばらしい現実を創造しはじめます。

何歳でも早すぎることも遅すぎることもまったくありません。

今、あなたがそれを心から思考しはじめれば、あなたのクリエイティブパワーが動きはじめます。

あなたは今までできない理由、やらない理由を一生懸命考えて、できないように、不可能なように、自分で自分の可能性を小さく小さく、とても小さくしてきました。

あなたの未来はあなたしか創れません。

自由にあなたの未来を創造するために、たくさんの思い込みを捨てたり、修正したりしていきましょう。

6 新しい人生のシナリオは？

ヘブンワーク（天国ワーク）のおさらい

120歳まで生きて家族に見送られて、
幸せに天国にのぼっていくところをイメージ

▼

空の途中では何が見える？

▼

天国の入り口はどんなふう？

▼

天国には何がある？

▼

天国にはだれがいる？

▼

下界での暮らしはどうだった？

▼

どんな体験をした？

▼

もともとはどんな人生にしたかった？

▼

それは、最後まで達成できた？

▶ あなたの人生の目的は？

7

物質の世界から心の世界へ

あなたの潜在意識がすべてを創り、すべてを変える

今までのあなたは、思考が現実を創ると言っても信じることができなかったかもしれません。無理に信じようとしないで、淡々とワークをしながら自然体で毎日を過ごしてみると、あるとき、信じることができるような出来事が起こってきます。

あなたの潜在意識は万能ですが、あなたがイメージを送り出さなければ、つまり思考しなければ、創造エネルギーはパワーを発揮できません。

すべてを創造する源である潜在意識はすばらしいです。でも、その潜在意識よりも、もっとすばらしいのが、あなたなのです。

あなたの思考がなければ何もはじまりません。あなたの目で見えるどんな世界も、あなたのために用意されています。あなたがあこがれるどのような車も、どのようなジェット機も、どのような家も、どのような男性も（どのような女性も）、どのような仕事も、どのような子どもも、あなたのために存在しています。

あなたが、それは自分のものと認めるか認めないかだけです。売りに出ている

7 物質の世界から心の世界へ

どのようなものも、自分は買うことができるものと心で決めれば、そのように動き出します。

家が売れない、家が買えない、服が買えない、仕事がない、仕事ができない、成績が悪い、性格が悪い、容姿が悪い、旅行に行けない、彼にフラれる……。あなたがそのようにすべてを決めたから、そう信じているから、そうなってくるだけです。

あなたがすべてのものやすべての人の定義をするから、そのものやその人は、あなたが定義したとおりになっていきます。

たとえば、あなたがものや人に定義をしなかったら、それはただの土や石ころのようなものと考えてみましょう。

あなたが、これはショートケーキで、これはパソコンで、これはカメラで、これは鏡でこれは加藤さんで、あれは中村さんで、あっちはアメリカ人で、この人は私の親友で、この人は先生で……、と定義して初めてそのものになります。

あなたは無意識のうちに、すべてのものを定義しているのです。あなたが定義したものから思考が現実化していきます。

思い込みを捨てて今すぐに新しいイメージを送り出す

思い込みの思考を修正して真っ白な状態になれば、あなたのイメージしたとおりの現実になることは、わかってきていると思います。

ヘブンワークのあとの未来トーキングで体験した、あなたの新しい理想の人生のストーリーを思い出しましょう。

ワクワクしながら何の思い込みもなくすらすらと話し出したあなたの新しい人生のストーリーは、本当にやりたいことかもしれません。夢物語ではなく、あなたが本当に望みさえすれば、現実になることなのです。

現実の世界に戻ったあなたは、さまざまな困難を自分で創り出して、またできない、やれない理由を考えるかもしれません。

どうして自分はできないと思っていたかを考えてみるときです。どうしてやらなかったのだろう？　どうして、できないと思っていたのだろう？

後悔していることがあったら、こんなふうに自分に問いかけてみましょう。たとえば、

7 物質の世界から心の世界へ

「どうして私はあのときまじめに勉強しなかったのだろう？」

「どうして受験する前からあきらめていたのだろう？」（あのとき勉強していれば、あこがれの大学に入れたのに）

自分に問いかけてみると、驚くほどクリアな心の声を聞くことができます。

・自信がなかったから
・合格しなかったらイヤだったから
・どうせ合格しないと思っていたから
・勉強より遊びのほうがよかったから
・貧乏だったから
・楽をしたかったから

などなどたくさんのできない理由や、やれない理由を考え出していたのがわかります。

「だって、家が貧乏だったんだもの。あの大学は入れるわけがなかったわ」

あなたがもしまだこのように考えているのなら、もう一度、この本の最初から読んだほうがいいかもしれません。または、こんなふうに自分に問いかけてみたらいいかもしれません。

「家を貧乏に設定（定義）したのは、だれだったでしょうか？」

錯覚を取り除いて、自分がすべてを創造したと感じてみましょう。そこからが本当のあなたのスタート地点です。

自分の責任で新しい思考を送り出すことを決意しましょう。今までの思考の量よりも新しい思考の量が多くなるまで、無我夢中で思考を送り出しましょう。

途中途中で修正しながら、あなたの新しい目標に向かって、常に新しい思考を送り出しましょう。次元が変わるように、すべてが動き出すのを感じることができるようになります。

ものを創り出すイメージの大切さ

大工さんが家を創るときには設計図を完成させて、基礎づくりからはじめます。どんなに見た目のよい家でも、基礎がしっかりしていないと地震が来れば倒れてしまいます。潜在意識の創造パワーを使うときも同じです。

1　思考は現実化するということ

2　この世界の隅々まで、あなたの現実はあなたの思考が現実になっているということ

この2つを宇宙の法則の基礎として認めたうえで思考すれば、思考どおりの現実が創られます。

思考は現実化すると口では言っておきながら、「この現実は自分が思考した結果。でも、あの現実は私の思考とは関係ない」などと自分の思考とは関係していない現実があると思っている場合は、思考を現実化するための基礎ができていないということになり、正しい思考の送り出しはできないということになります。

その結果、あなたの望んだ現実とは違う現実になり、思考は現実化するということを信じられなくなります。

潜在意識に引き渡されたすべての思考は現実化するのだということを感じてみましょう。あなたのイメージは、とても大切でとても意味のあるものとなります。

毎秒、あなたが今考えているその思考が、すべて潜在意識に引き渡されているのです。

あなたのその思考の量が現実化するのに十分な量になったら、あなたの遠くの現象としてこの世の中に生まれてきます。まだ、この段階では明確なあなたの現実ではありません。

あなたがその思考をやめれば、遠くで起こっている現象も消滅してしまうほどです。ところが、毎日このことを考えていると、いつしかあなたの現実になってきます。

一度現実化した思考は、さまざまな思い込みと一緒になって、新しい思考を生み出します。

自分の送り出す思考に責任を持たないと、どんどん違う思考を送ることになり、だんだん現実も自分が望んでいたものとは違う現実になってしまいます。

最初にあなたが決めた人生の目的やストーリーに肉づけして、魅力的な脚本にしていくのがあなたです。送り出すイメージを大切にしましょう。

あなたの現実はあなたの心が創っている

なんだかワクワクする！
なんだかドキドキする！
なんだかウキウキする！
なんとなく気分がすぐれない……
なんとなくやる気がおきない……
なんとなくムカムカする
なんとなくイライラする
なんとなく不安……

どのような思考でも、その気持ちや感情をいつも思っていることのほうが先に現実化します。物事がなんとなく家中でうまく回らない……と思ったことはありませんか。

●自分の状態

アメリカに住んでいるTさんは、弁護士にVISAの更新のための書類を頼みましたが、期日を1週間過ぎても2週間過ぎても書類がそろわず、VISA書類が不備のため運転免許の更新ができなかった。

●家族の状態

・夫は取引先にありえないクレームを言われてへこんでいる。
・息子はテストや部活であまりにも忙しく、余裕がなくてイライラしている。
・娘は学校から帰ってきたらおなかの調子が悪い。

家中がどんよりしていることってありますね。こんなときは、だれかがちょっとしたケガをしたり、観葉植物が枯れたりするかもしれません。あなたも元気がなくなってしまいますね。

何が原因でこのような状況を引き起こしているかちょっと考えてみましょう。自分の状況に対して意見を言ってみましょう。

7 物質の世界から心の世界へ

●自分の状態

アメリカに住んでいるTさんは、弁護士にVISAの更新のための書類を頼みましたが、期日を1週間過ぎても2週間過ぎても書類がそろわず、VISA書類が不備のため免許の更新ができなかった。ということへの意見(言いたいこと)は、「もう！　いい加減だな。ちゃんとしてよ！」でした。

これが潜在意識からのメッセージです。あなたの修正するべき思考や行動を教えてくれています。100％自分原因説で考えると、人に言いたいことは自分も言われていることと考えます。

「もう！　いい加減だな。ちゃんとしてよ！」と、だれかから言われていると考えます。だれからどんなことを言われているのでしょうか？

思い当たることが見つかったら、そのときの思考を修正します。そして、行動に移します。

たとえば、「もう！　いい加減だな」とは、「きっとゴミの分別!!」と思い当たりました。気になりながらも、けっこうなんでも燃やせるゴミ袋に入れて捨ててしまっていました。

メッセージを受け取れたらアングリーワークをして、思い込みの思考をリセットしましょう。

つまり、この場合は素直に「ごめんなさい……。これからはちゃんと分別します」と、今までの面倒くさくて、いい加減にやっていた行動をあらためます。それと同時に、自分の思考を見つめます。

面倒くさくてやらないこと、あとまわしにしてしまうこと、いい加減だなと思われること、そういう怠慢でずるい思考が自分にあることを認めます。認めるということは、「そうなんだ……」と思うということです。

「私ってけっこう怠け者なのよね。あまり気にしていなかったけれど、こうやって教えてくれているということは、このままにしておかないほうがいいのよね」と、今から積極的にこの思考は修正したほうがいいよ、ということを潜在意識が教えてくれていると受け取りましょう。

つまり、このままでいくと「最初にあなたが立てた人生のストーリーのようにはならなくなるよ—」ということを教えてくれています。あなたのいい加減でずるい思考は、修正されるのを待っています。

このいい加減でずるい思考は、幼いままのあなたの思考が取り残されているので、暴れ出すのですね。そして、この幼い思考はあなたにとってはメリットがあったのですね。だから、今までこの思考が存在していました。

あなたがこのずるくていい加減な思考はもう必要ないと思ったら、こんなふうに言ってみましょう。


「今までいい加減でずるい思考で過ごしていました。楽をしたかったからです。今まで、私のこのずるい思考を現実化してくれてありがとう。私はもうこの思考は必要ありません」


一度の決意でそのまま思考が定着する場合と、なかなかその思考を手放せない場合があります。手放したいのに手放せない場合は、同じような困った現象が起こってきます。そうしたらまた、アングリーワークで確認していきましょう。

今までずっと一緒に過ごしてきた幼い思考です。まずは、そういう幼い思考があるということを認めることが大切です。

そして感謝をしてから、もうこの思考は必要ないと宣言すること。あとはそのことは心配しないで、潜在意識に任せます。

まだ、幼い思考を必要ないと思えない人は、自分を変える気のない人です。この場合は、ワークをいくらしても何をしても潜在意識の創造パワーは使えないでしょう。

思考を修正する場合は、「この思考は私にとってもう必要ない」と認めることが第一のステップです。

すべては自分。自分が変わればまわりも変わる

彼が私のことを好きになってくれますように……。

子どもがもっと勉強しますように……。

夫が昇進しますように……。

このように「人を変えよう」とする思考は、そのまま送り出してもうまくいくことがないかもしれません。一時期はいい感じまでいくかもしれませんが、また元に戻るでしょう。

人を変えようとする思考は、潜在意識の力が使えないからです。

7 物質の世界から心の世界へ

あなたも今までの人生で、強く願えば願うほどどうまくいかないという経験があるのではないでしょうか。

とくに恋愛に関しては、その人への思いが強いほど、うまくいかないかもしれません。すべては自分の思考次第です。

どういうことかというと、100%自分原因説で考えれば、すべては自分からはじまっていると考えますので、自分の思考を変えないと何も変わりません。だれかの思考を変えようとしてもうまくいかないのですね。

「じゃあ、どうやったら子どもが勉強をしっかりやるようになりますか?」

「彼(彼女)を振り向かせるにはどうしたらいいですか?」

こんなふうに人を変えようと思っている思考は邪魔にしかなりません。まず、この思考自体を認めてからデリートしましょう。

彼(彼女)に振り向いてほしいと思うということは、自分に振り向いてほしいという思考でもあります。

子どもに勉強をしっかりやってほしいと思うということは、あなたは何かをしっかりと勉強する必要があるということですね。

そこの部分のメッセージをしっかりと読み取って、自分のその修正部分をコツコツと修正していけば、つまり、あなたの思考を修正し、あなたの行動が変われば、まわりも変わってしまいます。すべてはあなた次第なのです。

自分に振り向いてほしいということは、自分に振り向いてもらえるくらい自分を魅力的にすることかもしれません。

あなたは彼（彼女）に振り向いてほしいという思考を手放し、自分を魅力的にすることに全力投球すると、自分が振り向かれるくらいの人になりますので、彼（彼女）も振り向くようになってきます。

すべては自分です。

自分が変われば、すべてが変わります。

魔法を今日から使おう

思考は現実化することを心の底から理解できるようになってくると、思考の修正と新しい思考の送り出しの仕組みもわかってくると思います。

7 物質の世界から心の世界へ

100%自分原因説が心の底からわかるようになると、あなたは自分のことを「魔法使いだったんだ！」と思うかもしれません。

ワクワクドキドキとした気持ちのままで、毎日を過ごせるかもしれません。

あなたが好ましくない幼い思考を修正したり、デリートしたり、リセットしたりできるようになり、新しい思考を送ることができるようになると、現実にダイレクトに反映してくるので、楽しくて、おもしろくて仕方がないはずです。

自分に直接すべての思考が現実化されてくるので、現実になってほしくないことは考えなくなるようになります。

また、イヤな現実を修正するのは、時間がかかるので大変なのは身にしみていると思います。思考しているうち、現実化する前に修正するようになるでしょう。

思考のうちに、その思考を修正するのは簡単ですから、変な思考を送り出してしまったときには、その場で「今の思考を取り消します！　本当はこっちを送り出したいの！」と宣言しなおせばいいのですね。

こんなふうに思考の修正ができるようになったあなたは、新しい思考を正しく送り出すことによって、すばらしい現実を引き寄せることができるようになっていきます。

送り出したい思考を考えて、どんどん現実を創造していきましょう。

あなたはあなたの世界の創造主です。魔法使いになったみたいに、思いっきり自分の思考を送り出しましょう。

8

アファメーションの効果的な使い方

アファメーションとは？

今までの思い込みの思考を修正したり、デリートしたりしたあなたは、新しい思考を送り出すことを楽しみにしているでしょう。

あなたは今までのあなたとは違います。100％自分原因説を学んだあなたは、「思考してもそれが現実化しないのでは？」と疑う気持ちは一切なくなっているはずです。

まだ、どこかに不安が残っている場合は、錯覚が取れていないからです。自分で納得するまで、何回でも現実から思考を見つけてみましょう。そして、その思考を持っていたことを認めましょう。

錯覚が取れて思考が現実化することを信じられる人は、さっそく新しい思考を送り出してみましょう。

思考を送り出すときに、効果的な思考を書き出して、それを毎日のように読むことによってイメージングすることを「アファメーション」と呼びます。

「人を変えよう」「人を変えてやろう」というような思考とか、「あの人を許します」など、自分が被害者になっているような思考は、アファメーションの言葉にできないのはもうわかっていると思います。

また、潜在意識は一人称でしか物事を判断できませんので、「あいつなんか失敗すればいい」などの否定的な思考を含めると、自分が失敗してしまいますので気をつけましょう。

アファメーションは、言葉を発しただけで風景も、人も、気温も、感情も、においさえもわかるくらい、リアルにイメージできるように作成しましょう。

ちょうど、あなたがヘブンワークや未来トーキングをしたときみたいにです。

効果的な本当のアファメーションを創っていきましょう。

アファメーションを創ってみよう（映像版）

アファメーションを創るときは、あなたの想像力を思いっきり使っていきます。本当にこうなったらどんなにステキかな？　うれしいかな？　ワクワクするかな？　と細部までイメージの中で考えて、リアルに感じてみましょう。

体中がワクワクする感じになるかもしれません。

アファメーションを創ることに慣れていない人は、自分にぴったりの言葉を探したり、心地よい映像を思い浮かべたりできないかもしれません。

少し細かいですが、次の質問に対して、具体的に映像が浮かんでくるくらい鮮明にイメージングできるように練習してみましょう。

初心者は、言葉のアファメーションではうまく潜在意識に伝わらない場合もあります。できるだけ映像でのアファメーションができるようになっていきましょう。

ここでは、映像で見える情景を言葉にしてみました。

実際に言葉におこさなくても、映像をイメージの中で再現できればいいので、少しずつ慣れていきましょう。

理想的なアファメーションを創るためには、次のような質問に対してイメージがわいてくるようになるとＯＫです。

あなたは今、イメージの中のどんな場所にいますか？
気温は何度くらいですか？　あたたかいですか？
家の中なら家の外観は？　玄関の扉は？　窓は？　リビングは？
イメージの中の今の天気は？
イメージの中のあなたのスタイルは？　顔は？　服装は？
あなたの仕事は？
結婚していますか？
子どもはいますか？　どんな子どもがいますか？
核家族ですか？
家の駐車場は車を何台置けますか？
何色のどのような車がありますか？
あなたのまわりにはだれかがいますか？
今日は何をしていますか？
あなたの彼（彼女）はイメージの中で今、何をしていますか？　笑顔ですか？

最初にアファメーションを創るときは、これらの質問のどれからでもいいのですが、自分がこの質問に答えたいというものからイメージの練習をしましょう。
たとえば最初の質問の想像の中で、今いる場所をイメージしてみましょう。

「わたしは、明るくて広いリビングにいます。上を見ると、天井が高く吹き抜けで屋根の形に沿ってななめになっています。窓からは心地よい日差しが部屋いっぱいに差し込んでいます」

ここまでイメージしていると、部屋の中に実際にいる気持ちになって、どんどんイメージが浮かんできます。
部屋の中を自由に移動しながら、理想の家の中を歩いてみるのもいいですね。
映像アファメーション創りを続けてみましょう。

「部屋の中にはコーヒーのいい香りがしてきました。朝のコーヒーを入れるのは夫の日課です。コーヒー豆を、手動のミルでコリコリガリガリひいているだけで

8 アファメーションの効果的な使い方

も、いい香りがしてきます。今日はその他に、厚切りトーストにバターをのせて、蜂蜜をトロリとかけてくれています」

自分の服装などの描写もしましょう。

「私は、髪の毛をポニーテールにしてから、上のほうでクルッとまとめてお団子頭にしています。この髪型をすると日曜の朝という感じがします。今日はきれいな藍色のカットソーと、白のワイドパンツでリゾート気分を出してみました。夫は黒のポロシャツをおしゃれに着こなしています」

こんな感じでイメージの世界に入って、思いっきり幸せな気持ちにひたっていきましょう。声に出すのが苦手でも、書き出すのが苦手でも、イメージするのが苦手でもまったく構いません。

そんなことは気にしないで、浮かんできた自分のイメージを大切にしましょう。映像でイメージが浮かびにくい人は、自分の理想の写真や映画などを集めてみましょう。

そして、その写真や映像を見なくても思い浮かべられるようになったら、イメージングがかなり上手にできるようになってきていることになります。

自分だけの映像アファメーションになるように、思い浮かべた映像イメージに近い写真をインターネットや雑誌などから集めて、181ページのようなシートをつくって貼りつけてみるのもいいですね。

そして、ちょうどよい写真などの映像アファメーションシートを創ったら、それを枕元において寝る前にゆっくり眺めてください。

その写真の中に自分がトリップしている気分を味わいましょう。写真をボーッと見ているだけでも構いません。

そして、そのことを思いながら寝てみましょう。

願望達成シート

叶えたい願望を「○○を△△（する）になる」のように書く

私は ＿＿＿＿＿＿＿＿＿＿＿＿＿＿＿＿ になる

自分がなりたい人の洋服やイメージの画像や写真

写真

あなたの願望が叶っているとしたら
・あなたはどんなところにいますか？
・どんな服装をしていますか？
あなたの理想の生活をしている人の写真などを貼りましょう。

服のイメージ　車の写真

家の写真

靴の写真　彼や彼女の写真

写真

写真

写真

写真

写真

写真

具体的にどのような自分になりたいか書きましょう。

具体的に文章が思い浮かばないときは「富」「裕福」「好き」「美」「車」「幸せ」
「旅行」「海外」「成功」「歓喜」「合格」などのように単語で書きましょう。

「願望達成シート」のダウンロードURL
http://my.formman.com/form/pc/Ljlm4obROWnbWLL2/
※願望達成シートは上記のＵＲＬからダウンロードできます

9 クリエイティブパワーメソッドについて

クリエイティブパワーメソッドは、今までの常識から少し離れた高次元の世界からの問題解決メソッドです。

「思考が現実化するとしたら？」と考えはじめるところからはじまり、あなたの現実のすべては、あなたが創造したことであるという考え方です。

100％自分原因説で考えると、この世には本当はあなたしか存在していないと定義します。自分しか存在していないはずの世界なのに、

「どうして他の人がいるのだろう？」

「何が人生の目的なのだろう？」

「自分がここにいるのはどうしてなのだろう？」

「私は何をすればいいのだろう？」

「今、目の前で起きている現実が自分の思考の結果だとしたら、自分で変えることができるのだろうか？」

「この世界を私ひとりが創造したのなら、すべての生きもの、すべての自然、すべての人、すべての乗りもの、すべての食物は自分のために存在しているのだろうか？」

「イヤな出来事も変えられるのだろうか？」

9 クリエイティブパワーメソッドについて

「過去にしてしまった後悔している出来事は、気にしなくてもいいのだろうか?」

「世界のはじまりはどんなだったのだろうか?」

「世界の終わりはどのようになっているのだろうか?」

「前世や来世はあるのだろうか?」

「死んだら人はどこに行くのだろうか?」

いろいろな疑問にも自分で答えを導き出せるようになるのが、クリエイティブパワーです。

すべてのものは存在しているだけですばらしい!

あなたは何もない真っ暗な空間にひとりで浮かんでいるとイメージしてみましょう。

何もない世界。円になっている時間。今がはじまりで今が終わりにもなれる時間軸に、あなたは存在しています。

そこには過去も未来もなく、今が存在しているだけで、あなたの思考以外は存在していません。ちょうど、目をつぶってすべての音を遮断した状態だと思ってみましょう。

そんな真っ暗な世界から、あなたは今の現実を創造しました。

目を開けると、まばゆい太陽の光・青い空・行きかう人々・鳥のさえずり・上空を飛んでいく飛行機・車のクラクション・子どもたちの笑い声・テレビから流れてくる音楽・日々の何げない会話・上司の声・彼（彼女）の笑顔・両親の存在。

そこに存在しているというだけですばらしいということを、心から実感できるようになると、100％自分原因説が生活に活かされてくるようになります。

困難を創っているのもあなたの思考だとしたら

いろいろな書籍などで、「あなたのすべてを無条件に認めましょう」とか「あなたにひどいことをした人を許しましょう」などと書いてあるものがあるかもしれません。

100％自分原因説で物事を考えれば、認めるという意味とか、許すという考え方がどうなのかなど、理解できるはずなのですが、錯覚の中にいるうちは、本当のことが見えてきません。

思考が現実化するという本当の意味がわかっていないと、納得できないという顕在意識が存在してしまいます。

納得できなければ、いくら顕在意識でアファメーションをしても、表面上で納得したふりをしても、潜在意識は無意識に感じているほうを現実化していくので、無条件に自分を認めたふりをしているだけになります。

また、「自分にひどいことをした人を許してやるよ。俺はやさしいんだ」など、自分は慈悲心のあるいい人なんだ、被害者だけど許すことで、その人より上位に立てていい気分になれる、その人はダメな人で自分はいい人ということを現実化させてしまいます。

自分でそう決めてしまうので、自分をいい人にするために、ますますダメな人を創造し続けます。

ですから、人を許そうと思った段階で、あなたの現実はあなたの望まないほうへ流れはじめるかもしれません。今の現実がどれだけ奇跡かということへの感謝がないのかもしれません。

あなたは存在しているだけですばらしいのです。自分の人生の目的はなんなのでしょうか？

思考が現実化していることがわかってきてから、ヘブンワークと未来トーキングをすると見えてきます。

どんなにこじれてしまって、抜け道がないと思える困難な場面であっても、あなたの現実はあなたにしか変えることができません。

困難な状態を、長い年月をかけてあなたは創造してしまったという事実を受け止めましょう。だからといって、だれから責められるわけでもありません。自分を責める必要もありません。

ただただ思考を送り出していたことを認めて、新しい思考を責任を持って送り出し、自分の現実を創造していくことを楽しみにすることが大切です。

思考が現実に変わる瞬間

新しい思考の量が古い思考の量を越えたときに、一気にあなたの現実は変わりはじめます。ちょうどオセロゲームで真っ黒だったのに、一気に白にひっくり返るような感じかもしれません。

でも、一度なんとなくわかった状態では、今までの習慣（思い込みの思考）はすべて修正されてはいません。

オセロで言えば黒がまだ残っていて、あなたが間違った思考を送れば黒の量が多くなり、ついには黒ばかりになってしまい、また矛盾だらけの現実に思えるようになってきます。

１００％自分原因説をはじめて心の奥で納得すると、さわやかな気持ちになり、「今までの中途半端な現実から抜け出せる！」と希望の光を見つけることができるでしょう。勇気も元気もわいてくると思います。

「自分で自分を変えられる！」

その自信は何よりもパワーがあります。

創造パワーを全開にしてエネルギーとして送り出せれば、思考の量は信じられないほど多くなり、奇跡と呼ばれる現象を創り出します。

思考が物質化する最初を自分で確認したかったら、思考を紙に書き出してみることです。

映像だけの思考だったものは、紙に書くことによってでさえ、少し現実化しているのです。目で見えるし、触れられる文字として現実化しました。

これを本当に定着して現実にしたかったら、映像や言葉での思考の送り出しをどんどんはじめることです。

100％自分原因説で物事を検証しはじめると、いろいろな日常をクリエイティブパワーで変えてみたくなるでしょう。

そして実際に、自分の思考を変えるだけで、まわりの人が変わってしまうことを体験すると、急にうれしいような肩の力が抜けてくるような、笑いが止まらなくなるようないろいろな感情を味わうかもしれません。

あなたは光の存在!?

あなたは、毎日、体を活性させる光エネルギーを受け取っています。毎日です。

その光エネルギーを意識して受け取ると、あなたの体と思考が元気になります。

9 クリエイティブパワーメソッドについて

本当のところは、高次元にいるあなた自身が光のかたまりです。あなたが、すごくまぶしいあたたかい光を放っているのです。

体の中から、光が温泉のようにあとからあとからわき出てくるのを感じてみましょう。

光ワークは、高次元のあなたから物質世界のあなたへのプレゼントになります。しっかりと受け取ってみましょう。

すべて知っている高次元にいるあなたは、物質世界のあなたが違うストーリーを展開していくのを教えてくれています。それが潜在意識からのメッセージです。

神や宇宙の人の言葉として、自分の中で声として受け取る人、映像として受け取る人は、潜在意識と仲よしと思ってみましょう。高次元の自分からのメッセージをもらっているのです。

100%自分原因説で考えれば、死後の世界は存在しませんし、幽霊も宇宙人も前世も存在しないと考えます。今があるだけです。

錯覚がとれないと、すべてを頭で納得するのは難しいかもしれません。いろいろな疑問がわいてくるうちは、もっともっと自分で100%自分原因説を知りたいと思ってみましょう。自分の潜在意識が教えてくれるようになります。

でも、大好きだった亡くなったおばあちゃんやおじいちゃん、お父さん、お母さんなどは、天国にいたほうがうれしいですね。

それに歴史が今を創ってきていると考えたほうが、ドラマがあってエキサイティングな時代に生きている気がするわけです。

何もない平凡なストーリーよりも、まわりを刺激的にしたり、自分の生活を劇的にしたりすることによって、あなたは自分の人生のドラマの主人公を演じていると考えてみましょう。

自分以外に存在していなかったら、本当は助けてくれる人はだれもいませんね。助けてくれる人さえも自分で創り出す必要があるのですね。

「神様お願い」と願ったとしても、あなたが創造主だとしたら、やっぱり「自分でなんとかしなくちゃ！」となります。

そう考えると、お墓も本当は必要ありませんし、先祖祭りも必要ありません。厳しい宗教のさまざまな慣例ごともまったく意味がないものになります。

人は自分よりも崇高な何かが存在すると信じることによって、何かあったときには助けてもらおうと無意識で感じています。

つまり、神や仏の存在を創り出してきました。物質化世界でも、一緒に喜怒哀楽を感じる仲間を創造しています。それが両親だったり、先生だったり、姉妹だったり、友人だったり、夫婦だったりします。

その人たちと一緒に喜びを分かち合い、一緒に悲しみを感じ、勇気をもらったり、励ましたり、優越感を味わったり、敗北感を味わったり、さまざまな経験をしていくかもしれません。

イメージを現実化するためにはじめるワーク

思考を現実化したいときはテーマを絞って、あなたの創造パワーを全開にしてエネルギーを送り出しましょう。

言葉によるアファメーションも、映像によるアファメーションも、最初は自分のやりやすいほうを取り入れていくと思考が現実化することを感じるかもしれません。

寝る前や行動をはじめる節目には、映像や言葉のアファメーションをしてから行動することを習慣にしましょう。思考が習慣化するまで、行動が習慣化するまで、新しい思い込みを創っていくワーク（思考の送り出しをマスターするワーク）もあります。

イメージを現実化するためにはじめるワークは、あなたはどうしたいかということを小さいことでも意識することからはじめます。

今まで無意識の部分で行われていた習慣を、意識的にあなたの思考に取り戻す作業もしていきます（この思考の送り出し方をマスターするワークは個別セッションで詳しくお教えしています）。

心のトリップワーク（潜在意識につながるワーク）

潜在意識に到達するにはいろいろな方法がありますが、セッションを受けた方には、ワークとしてお教えしている方法があります。それを「心のトリップ」と呼んでいます。

今まで難しいとされていた潜在意識に到達する方法です。しかし、このワークならほんの10分あればコネクトしているのを感じることができます。

心のトリップをすると、今まで潜在意識につながる感覚を味わっていなかった人も容易に感じることができます。心のトリップワークをしてみましょう。

潜在意識とつながる感覚というのを味わったことがあるでしょうか。よく言われている悟りのような状態です。

体がふわ〜っと浮いたような、光に包まれているような、無重力の中にいるような、人によって感じ方はさまざまですが無の状態、空の状態です。

この無（空）の状態を普通はなかなか創ることができません。ですから、修行の旅に出たりしますね。何十年も瞑想して修行して、普通はこの無の状態になれます。

無の状態になると、すべてのことがよしという感覚になります。問題としていたことが、問題と感じられなくなります。不感症というわけではありませんよ。

この無の状態になることを、心のトリップと呼んでいます。

●心のトリップで得られること●

・無の状態になれます

・とても気持ちよくなります
・チャクラ（新しい目）が開く人もいます
・オーラが見えるようになる人もいます
・潜在意識の過去の情報をデリートしてしまいます
・宇宙とつながっている感覚がわかります
・イメージしたことがダイレクトに伝わります

この無の状態を即効で創る方法があります。さっそくやっていきましょう。

毎日10分の心のトリップ

椅子やソファに座り、背筋を伸ばして肩の力を抜きます。慣れてきたら、横になって寝る前にすると効果的です。

目をつむって、ただただ呼吸に意識を向けます。普通に鼻から吸って、鼻から吐いての状態を感じてください。

いろいろな感覚やイメージや雑念が浮かんできますが、気にしないでとにかく呼吸を感じてください。

そうすると、呼吸が速かったりゆっくりだったり、今までは呼吸を意識したことがないと思いますので、自分は静かにしているときはこんな呼吸なんだ……というのがわかってきます。

今までわからなかったことがどんどんわかるようになってくる最初の出来事です。

悲しいとき、怒っているとき、うれしいとき、願いが叶ったとき、すべて呼吸が違います。近いうちに、すべて感じることができると思います。

呼吸に意識を向けていると、だんだん呼吸が落ち着いてきます。自分の心地よい呼吸に落ち着いてきます。

ゆったりと自分の呼吸を感じてください。何も考えずに、ただ呼吸を感じればいいです。

10分間、この心のトリップワークをしましょう。目覚まし機能の携帯を使うといいでしょう。今から10分後にアラームをセットして、ゆったりと呼吸を感じてください。

では、はじめてください。10分したらここへ戻ってきてくださいね。

心のトリップ10分後

ゆっくり目を開けます。アラームを止めて、伸びをしましょう。

心のトリップをしているとき、何かを感じましたか?

ぜひ、ノートなどにメモしていきましょう。


こんな簡単な呼吸を感じるということで、瞑想よりはるか上の次元に行くことができます。

物体のない世界につながることができるのですね。呼吸を感じるだけです。

無になりなさいとか、何かを思い浮かべなさいとかではなく、呼吸を感じるだけでいいのですね。


このあまりにも簡単な潜在意識への到達方法は、なかなか教えてくれるところはありません。

この心のトリップをして、フワッと浮かんだり、金色の光に包まれた感じがしたり、無重力の状態を感じたりしたときは、潜在意識とつながった状態です。コアステートの状態です。

このときにあらゆる問題がデリートされていきます。

あなたが毎日、心のトリップをする度に潜在意識につながり、つながると無の状態になりますので、そのときに過去の情報はデリートされます。

その日1日の情報もきれいに整理してから寝られるといいですね。この心のトリップは毎日することをオススメします。

いろいろな日常のことも、すべて改善されます。宇宙を感じてくださいね。

【注意】

心のトリップをしていると、体の中を何かがザッと通り過ぎる感覚があったり、ジンジンしたり、引っ張られる感覚があったり、だれかがそばにいるような感覚があったり、幽体離脱の状態を味わったり、未来や過去や遠くのものが見えたりする人もいます。

あわてないでゆっくりとその感覚を味わってみましょう。

また、一度宇宙エネルギーとつながると、光をとても感じやすくなっています

ので、自分の体を通して宇宙からの光を放射することもできるようになっていま
す。自分の手から光が出ることを確認してみるといいかもしれません。
自分の体から光を出しているかどうかたしかめるには、まず、上からビーチボー
ルくらいの光のボールが落ちてくるところをイメージしてみましょう。
自分の両手を前に出して手のひらを上に向けて、その光のボールを受け止めて
みましょう。
その光のボールの重みを感じるまで手のひらを上に向けたまま、両手を上下に
そっと動かしてみます。

光と周波数が合うようになると、光のボールのあたたかさや重さを感じること
ができるはずです。
こうなると、あなたは光を自分の体を通じて出す媒体になることができていま
す。

「心のトリップ」のおさらい

肩の力を抜いて何も考えずに呼吸に意識を向ける
▼
この状態のまま10分（心のトリップ）
▼
心のトリップで感じたことがあれば、 メモしてみましょう

▶ 心のトリップで感じたことは？

※注意点
心のトリップをしていると、何かが体の中を通り過ぎる感覚があったり、
未来や過去、遠くのものが見えたりすることなどがある。
そんなときは、ゆっくりとその感覚を味わう。

10

実践！ あなたを変える
クリエイティブパワーメソッド

100％自分原因説について、無意識レベルでもどんどん理解できてきているのではないでしょうか。

早く自分の生活に反映させたいかもしれません。さっそく実例も見ながら、どのように思考を修正していくのかを見てみましょう。

仕事とクリエイティブパワーメソッド

「仕事で成功したい」「仕事で自分を表現したい」「自分の仕事を評価してほしい」という人から、「らくして儲けたい」という人まで、仕事に対しての思い入れは、人によってさまざまです。

仕事上のトラブルもないほうが気持ちよいですし、自分の仕事を認めてもらいたいという気持ちもあるかもしれません。また、だれよりも自分がすごいと認められる業績を残したいという人もいるかもしれません。

仕事に関してのさまざまな願望を形にすることができるのが、クリエイティブパワーメソッドを使った思考の修正法です。

① 勝手にどんどん成功してしまうためには

あなたが何もしなくても寝ているうちに勝手に成功してしまったら、らくで楽しいかもしれません。実際、「何もしないで○○円!」などの本も目につくかもしれません。

この「何もしなくても幸せになれるかも」「苦しい思いはしたくない」という人の怠慢思考は、さまざまなトラブルを起こしていく元になっているのです。

でも、錯覚の中に生きていると、それもわからず「トラブルさんいらっしゃーい」とスペシャルゲストとして、あなたの現実に招待しているかもしれません。

あなたの知らないところで現実を動かしたいとしたら、あなたの潜在意識の力を借りましょう。無意識にあなたの願望を手渡してしまいましょう。手渡しです。「たしかにお願いします」と任せるということですね。これを本当に可能にするには、思考を潜在意識に手渡しすることです。

どうやって手渡しすればいいかというと、心のトリップをして、潜在意識にコンタクトし、そこで潜在意識にしっかりとあなたの願いを手渡しします。

イメージの中で成功している自分の姿を紙に書きます。それを心のトリップで潜在意識にコンタクトしたら、イメージの中のその場所に紙を置いてきます。

未来の自分の姿を渡してしまったら、あとはすっかりと潜在意識に任せましょう。自動操縦で、あなたの最終目標まで連れて行ってくれます。

② お金を引き寄せ裕福になるには

お金の自分の中の位置づけを確認してみましょう。あなたはお金をどのようなものだと認識しているでしょうか。どのような思い込みを創っているでしょうか。

・お金は天下のまわりもの
・お金はないと困るもの
・お金はいつも豊富に自分のまわりにあるもの
・お金はあると不幸になるもの
・お金はがんばって働いた人のところに多く集まるもの
・お金はらくして儲かるもの
・お金は毎日増えていくもの

・お金があると幸せになれる
・お金はあってもすぐになくなるもの

などお金に関していろいろな定義があるでしょう。あなたはお金をどのようなものだと思っているでしょうか。そのお金に対しての思い込みは、そのまま今のあなたの現実に反映されています。

たとえば、お金はいつも豊富に自分のまわりにあると思っている人は、お金に困る思いをしたことがないかもしれません。

これは口で言っている思考ではなくて、潜在意識にまで、このように伝わっている場合です。

口ではお金は毎日増えていくものだと言っていたとしても、明日の支払いに心を悩ませていたとしたら、また、旅行に行くのも何かを買うのも、お金がないからとあきらめるようなことがあったとしたら、心の奥では、お金は自分にはないものだと信じていることになります。

お金を引き寄せ、裕福になるには、あなたのお金の概念をもう一度確認して、「お金はいつも自分の人生を循環している。自分は富に恵まれている。自分は裕福になるために生まれてきた。富を得るのは私の権利です」などと言い切りましょう。

この宇宙にあるものは、すべてあなたのために存在しています。それを受け取ると決心しましょう。

あなたが今、裕福でないとしたら、あなたは受け取らないことを選択しているのだということを確認できます。

今すぐ、「この宇宙の膨大なお金を毎日毎日私は受け取ります」と宣言しましょう。そして、心のトリップをして潜在意識にこの思考を預けましょう。

③ 今すぐ必要なお金を得るには

今すぐにお金を得る方法はあるのでしょうか。

そのように疑っている限り、あなたには今すぐにはお金は入らないかもしれません。

お金はあなたの労働に対して支払われています。高次元にいるあなたが、物質世界のあなたへの報酬を決めて支払っているとイメージするとわかりやすいかもしれません。

自分の収入は自分で決められます。でも、労働と引き換えにお金は入ってくるようになっていますので、まったく何もしなくてお金が入ってくるわけがありません。

あなたは何もしていないつもりでも、他の人にとっては、とてもうれしいことをしてもらったというふうに感じている場合もあります。

その場合、あなたは「何もしていないのにお金を受け取れた!」と思うかもしれませんが、元はあなたの何かの親切がお金に変わったのかもしれません。

労働といっても、会社に入って働くことだけが労働ではありません。家の中の家事や育児も立派な労働なのですね。

また、ボランティアも立派な労働としてとらえます。その労働に、どのくらいあなたは時間を使ったか、また、あなたの知識や労働力を提供したかで報酬が決まります。

もし、今あなたが望みの収入を得られていないとしたら、あなたの労働はそのくらいの価値しかないのかもしれません。

少なくとも高次元のあなたはそのように認識しました。また、自分の収入に不平を言っている場合もお金は逃げていきます。

お金の不平を言うことは、お金をキライと言っていることと潜在意識には伝わりますので、キライなお金をこれ以上持たせないように気を使ってくれます。

こんな変な気を使われたくなかったら、素直にお金はとてもいいもので、毎日自分の生活に十分に循環していると宣言して、その思考に集中しましょう。

世の中に売りに出ているすべてのものを、あなたは買うことができます。あなたがそれを選びさえすれば、です。

よくトイレ掃除をするとお金が入ってくると言う人もいますが、トイレを掃除するから入ってくるのではなく、トイレ掃除は、普通の部屋の掃除よりもきれいにしたことに対して労働の単価が高いと考えましょう。

部屋の掃除を10回するのと、トイレ掃除を1回するのは同じくらいの価値があります。

人がなかなかしたがらない、しない場所のお掃除は、労働単価が高いと考えてみるとわかりやすいかもしれません。これもあなたが決めることができます。

あなたはどの労働を一番やりたくないと思っているでしょうか。

それを気持ちよくやったときに、あなたへ支払われる報酬が多くなります。あなたが後回しにしていることをやってみましょう。それを労働とあなたが決めれば、報酬となってあなたに支払われます。

お金を強烈に引き寄せるワーク

お金に関するワークはたくさんあるのですが、とても強烈にお金を引き寄せてみましょう。イメージワークが苦手な人も、このワークだけはできるようになるから不思議です。

そして、お金に困らなくなった人が一番多いのも、このワークかもしれません。今あなたがどのような状態にあっても、本当にお金が必要だったら試してみると変化が出てくるかもしれません。

静かな環境のところで毎日気が済むまでやってみると、結果になるのが早いです。

では、さっそくイメージしてみましょう(ここから先は、イメージしやすいように、スペースを空けています)。

あなたは白い砂浜にいます。

ここはあなただけのプライベートビーチです。

あたたかい砂の感触が裸足に心地よく、歩くと指の間にも入ってきます。

目の前にはエメラルドグリーンの海が広がっていて、上を見ると青い空がどこまでも広がっています。


息を吸い込むと、さわやかな海の香りがして、目を閉じるとカモメの声も聞こえます。波の音も聞こえてきます。

真っ白な砂浜を歩いて、波打ち際まで行ってみましょう。

砂の感触をたしかめながら歩いていくと、心地よいあたたかさの海の水が足にあたります。

足もとの砂を波が削っていきます。


突然、足もとの波がお札になりました。

一万円札や千円札、五千円札など、海水の代わりにお札が沖のほうまで波打っています。

水平線のかなたまで、ずっとお札になっています。

少し不思議な光景でしたが、あなたは両手を広げて水をすくうようにお札をすくってみました。

すくってもすくっても、いくらでも打ち寄せてくるお金の波にびっくりしながらも、たくさんのお金を拾ってみました。

あっという間に、自分のまわりもお札だらけになってしまいました。

この海のお札は、すべてあなたのものです。

あなたが必要なときには十分に、たっぷりとあなたのほしいだけのお金はいつもあなたのまわりにあります。

このお札の海に、あなたが今持っているお財布の口をあけたまま入れてみましょう。

そうすると、お財布の中がお札の海と同じ状態になります。

あなたのお財布の中は、この海の水のように、いつでもお札で一杯の状態を記憶しました。

お札は、お財布の中でいつでもどんどんあふれて空っぽになることがありません。ためしにイメージの中のお札を10枚ほど出して買い物をしてみましょう。

お財布の中を見ると、また取り出したお札と同じだけ補充されています。


お財布の中にお金がないと感じるときは、いつでもあなただけのプライベートビーチに行ってお金の海を体験しましょう。

あなたの生活には、十分なお金がいつも循環しています。あなたは今までそれを見ようとしないで生きてきました。

目の前はいつも十分なお金であふれているのに、すくうことも拾うこともできませんでした。これからは、ほしいときにほしいだけのお札はいつでも手に入ります。


ひとつだけ注意することがあります。

あなたのプライベートビーチは、あなたが「喜んでお金を使いたい」と思わないと、お札になりません。また、そのお金は使ったらなくなってしまうと思うと、そのとおりに消えてしまいます。

大切なことは、お金はいつも、たっぷりと、十分に満ちていると思考を送り出し続けることです。習慣になれば、お金があるのが当たり前の生活になっていきます。


お金のワークは今、お金があったらどんなに幸せかという気持ちを、今現在感じることが大切です。

近い将来とかではなく、今お金が手に入ったらどれだけ顔がにやけちゃうか、その感覚を味わってみてくださいね。

言葉でのアファメーションも大切ですが、映像でのイメージングも大切です。

このワークはとても強烈ですので、強い思考エネルギーで集中してこのワークをすると、遅くても2日目くらいで効果が現れはじめます。楽しんでやってみてくださいね。

今送り出す思考を大切にして、楽しみを先延ばしにしない習慣をつけると、毎日がうまくまわり出します。

④ 努力して成功する人・努力しないで成功する人

苦しいほどに努力しても成功しない人がいます。そうかと思えば、最小限の努力しかしていなくても成功する人もいます。どこが違うのでしょうか。

それは成功したあとのビジョンがあるか、ないかで決まります。

たとえば、「これで成功していくらの収入を得る！」というような目標を設定してしまったような場合です。

その収入を得られたらそこでおしまいで、そのあとはお金は入ってこなくなります。思考の送り出し方が間違っているのですね。

「収入を得られるようになったらこんな生活をする！」というような成功の先の

ビジョンをしっかりと思い描いていると、成功したあともそれを持続させていけますし、最小限の努力で目標にまでたどり着けます。

目先の心配ばかりしている人は、そこがクリアされれば振り出しに戻るようになっています。

何度でも達成することを楽しみたいと潜在意識は認識しますので、またマイナスを創り出して、努力して達成していく過程を楽しみにしていく生活がスタートします。

成功を持続させたかったら、成功した後のイメージングをしっかりと潜在意識に引き渡しましょう。

⑤ 仕事で大成功したい

仕事で大成功して地位を得たいという気持ちや、自分を認めてもらいたいという気持ちが大きい場合、勘違いの思考がないかどうか探しましょう。

もし成功するのに邪魔な思考が見つかったら、その仕事に着手する前に、その思考を修正するかリセットするようにしましょう。

どんな思考があると大成功できないのでしょうか。

それは自分だけが一番になりたいという思考です。人を馬鹿にした思考も好ましくありません。

100％自分原因説を使って考えると容易に理解できると思いますが、自分だけが一番になりたいという思考は、一見なんの矛盾もないようですが、他の人を蹴落とすという思考であり、他の人の失敗を祈っていることになります。

他の人とは、だれでしょうか。

そう考えると、今成功している人をどんどん褒めることが、どんなに自分にとってもすごいことになるかがわかってくると思います。

成功者がそばにいたら、あなたの思考はうまく送り出されています。あなたにも成功が現実となるように、もっとその思考を送り出しましょう。

成功者が近くに来たら、積極的に成功者の近くに行くようにしましょう。あなたの現実に、一番近いところに成功者を増やしましょう。

あなたの成功も近づいてきています。

◆会社員Aさんの事例

事例はたくさんありますが、ここでは会社員Aさんの思考の修正を見てみましょう。

Aさんは36才の会社員です。大学を卒業してからもう4回も転職しています。どの会社でもとてもイヤな上司がいて、毎日会社に通うのが憂鬱です。イヤな上司はAさんのことを理不尽に馬鹿にしたように、部下の前で怒鳴ったり、上司の失敗をAさんになすりつけ、Aさんの手柄は上司が横取りします。

Aさんはその上司さえいなくなればいいと思っていました。この会社の仕事は自分がやりたかったことなのです。

4社目でやっとやりたい仕事に巡り合ったので、今度は辞めたくないようです。どうしたらもっと快適な会社勤めができるかを、メールセッションでお問い合わせがありました。

Aさんとセッションを進めていくと、Aさんのまわりにはイヤな人がとてもたくさんいるようでした。

「何人くらいイヤだと思う人がいますか?」と聞くと、「30人くらいいると思います」と言われたので、「ためしにイヤな人の名前を思い出すだけ書いてみましょうか」と書いてもらうことにしました。

すると、30人どころではなく、50人を超えてもイヤな人リストは埋まりません。書いても書いてもどんどんイヤな人が浮かんでくるので、Aさんは疲れてしまい、「この辺でいいです」と言いました。

「では、Aさんの好きな人を書いてみましょう」とうながすと6名ほどしか浮かびません。まわりの人はイヤな人だらけで、好きな人は6人だけ。この6人の中には、ご両親とご兄弟が含まれていますので、Aさんの友人はひとりだけです。


セッションを進めていく中で、じつはAさんは小さいころから、自分の話を聞いてくれない人を「悪」と定義していたのがわかりました。この悪とは、悪魔のことではなく、自分で決めたイヤな人のことです。

Aさんは自分の話を最後まで真剣に聞いてくれる人以外は、悪＝イヤな人と定義していたので、Aさんのまわりの人は悪だらけ（イヤな人だらけ）になったのですね。

この、話を聞いてくれない人＝悪＝イヤな人という思い込みの思考はどこからはじまっていたのでしょうか。

セッションで細かく探っていくと、同じパターンがたくさん出てきました。こんなふうに思うキッカケとなったのは、３人兄弟の一番下であることでした。

家の中ではいつもだれかがAさんの世話をしてくれて、Aさんと一緒にいてくれて、Aさんの話を楽しそうに聞いてくれていました。すぐ上のお兄さんとは8つも離れているので、遊び相手というより親戚のお兄さんという感じだったそうです。

Aさんは、とてもかわいがられて育ちました。ところが、一歩外に出るとAさんにとってそこは戦場になります。

Aさんがそのように（戦場）表現していますが、家にいるときのように、だれも自分を気にかけてくれませんし、おもしろい話を考えて話しても、茶化されるだけでした。

馬鹿にされたこともたくさんあったそうです。自分のことを茶化した男子や女子のことは今でも大嫌いだそうです。

中学生になっても高校生になっても同じようなパターンが続き、イジメまで受けるようになり、先生もひどい先生ばかりで、運がないなと感じていたそうです。先生も自分の言うことを聞いてくれないそうなのです。

社会人になってから、最初の会社ではもっとわかりやすい扱いを受けるようになります。

女性社員には無視されたり、男性の同僚からは飲み会に誘ってもらえなかったり、上司は仕事ができないくせに、自分の失敗を部下になすりつけるような人でした。

2社目に入った会社は、小さい会社だったので、社員はふたりしかおらず、社長はもうひとりのことばかりかわいがるので、会社がつまらない感じだったそうです。

3社目に入った会社は、喫茶店に付属している本屋でした。ここは自分の働きたい職種ではなかったので、自分から辞めたようです。ここでも女性社員や男性社員に完全に無視されていたようです。

そして、ようやく今回の会社に2年前に入りましたが、今までの会社の中で、ここの上司が一番たちが悪く、困っているということでした。

Aさんには同じパターンで起こっている自分の話を聞いてくれない場面に、イメージの中で戻ってもらいました。

そして、その場面で話を聞かない友だちの気持ちを味わったり、小さいころの自分の気持ちを味わったり、まわりを囲んでいるクラスの子の気持ちを味わったりしてみると、「自分の話は最初は馬鹿にして聞かないのではなく、声が小さくて聞き取れないので、わからなくてつまらない」ということがわかりました。

つまり、自分の話を聞いてくれていないのではなく、聞き取れないくらい小さい声だったので、気持ちが集中できなかったというのが本当のことのようでした。

イメージの中で何度も大きな声で、聞いている友だちが大笑いするまで、自分の話をするようにしました。

毎日、2回くらいをイメージングの時間に使うと、Aさんの会社の状況も変わってきました。上司以外の人はとても好意的になったのです。

もうAさんのことを馬鹿にしたりする人はいなくなりました。ところが、上司だけは例外なのです。上司からの攻撃は続いていました。

引き続き思考を探っていくと、上司にAさんは「早く辞めればいい」と送り出していたのですね。

この思考を修正しない限り、上司からの攻撃はやみませんね。また、この思考が長く続けば会社をクビになるところでした。

「早く辞めればいい」とだれかに言いたいことは、そっくり自分に言われていることです。

つまり、潜在意識は一人称でしか考えることができませんので、自分が言いたいことは、そのまま返ってくるのです。

これに気がついたAさんは、無事に攻撃の思考を修正して、2ヶ月ほどすると上司からの攻撃も止まりました。

その結果、望みどおりの仕事ができて、同僚や上司とのトラブルもなくなったので、Aさんは生まれ変わったようだと言っています。

恋愛とクリエイティブパワーメソッド

100%自分原因説で恋愛も成就させましょう。

片思いは少しの期間で、あとはラブラブというのが理想の恋愛かもしれません。

そして、お互いに相手のことを信頼できて、大好きなら言うことはありませんね。

どちらか一方通行の愛情は、親と子のような関係です。恋愛でも、どちらかが親役でどちらかが子役になっている場合もあると思います。親役とは愛情を送る人、子役とは愛情を受け取る人のことです。

あなたのまわりの結婚している人は、幸せな結婚生活を送っている人ばかりでしょうか。それとも離婚していたり、夫婦でも愛が冷めている人ばかりでしょうか。それとも結婚している人が少ないでしょうか。

理想の結婚生活をしているカップルでまわりがあふれていたら、あなたの恋愛の思考はうまく送り出されています。そのまま送り出していれば、あなたにもそういう現実が近づいてきて現実化してきます。

あなたの好きになった人もあなたも、ふたりとも子役（愛情を受け取る人）になりたい場合、うまくいきません。

ふたりとも、もっと自分のことだけ考えてほしいし、もっと自分を大切にしてほしいし、もっと愛情を示してほしいと思っているからです。

愛情をたっぷり受け取る人になる方法がひとつだけあります。それは、自分が愛情を送る人になることです。

そうすると、2倍にも3倍にもなって愛情は返ってきます。あなたが気がつかないところで、あなたのまわりも愛でいっぱいになってきます。

① パートナーと幸せになるには

「相思相愛になって幸せになりたい」

大好きな彼（彼女）と毎日ラブラブでいたい人はどうしたらいいでしょうか。

パートナーに他に好きな人がいたり、自分もパートナー以外の人のほうがよく見えたりしていては、相思相愛とは呼べませんし、幸せは感じられないかもしれませんね。

彼（彼女）のことを本当に好きかどうか確認してみましょう。

・職業がかっこいいからとか、
・地位も名誉もあるからとか、
・収入がいいからとか、
・顔がいいからとか、

そういうことでパートナーを選んでいないでしょうか。とくにだれかに自慢できるからという気持ちがある付き合いはうまくいかないかもしれません。

・人より優越感を得たいから
・だれからも認められている人だから

という理由でパートナーを決めた場合は、自分はとても見栄っぱりで、人よりも上ということを多くの人に認めてもらいたいのだということでもあります。

この人のように多くの人に認めてもらいたいと思っている人が、自分の理想の彼と末永くうまくいくには、地位や名誉を持っている彼や自慢できる彼を持つことによって、人から認められるのではなく、自分が魅力的になって人から認められることを選びましょう。

自分が魅力的になって人から認められるようになれば、あなたは今の彼と思考のベクトルが一緒ですので、うまくいきます。

彼も浮気をすることは考えませんし、あなたも彼が最高のパートナーだと思える関係になっていきます。

② 恋愛成就したい人

片思い中はドキドキしたり、ワクワクしたり、ガッカリしたり、悲しくなったり、楽しくなったりして、あなたの心は、毎日コロコロ変わるかもしれません。

相手の一言や相手の行動ひとつで、ハッピーになれたり、落ち込んだりと落ち着かないかもしれません。

恋愛成就したい時期というのは、あなたの頭の中は彼（彼女）のことでいっぱいのはずです。1日のうちにどれだけ彼（彼女）のことを考えているでしょうか。その思考の量は相当な量になっています。その相当な量の思考はどのようなものでしょうか。

一度紙に書き出してみましょう。書き出したあなたの思考（感情や思い）の中には、その人を思いどおりにしたいというあなたの自分勝手な思考は入っていないでしょうか。

たとえば、「他の人を好きにならないでほしい」「私のことだけ見てほしい」「今の彼女と別れてほしい」などの思考です。

これは幼いわがままな思考が潜在意識に取り残されています。過去からの思い込みの思考を探して、同じパターンから解除していく必要があるかもしれません。

この幼い思考は大暴れしてしまっていますので、この思考の修正をしないと恋愛成就はできません。また、彼（彼女）への間違った思考を送るのをやめにしましょう。

そして、①のようにパートナーと幸せになるためには、自分を魅力的にする必要が出てきます。自分磨きをすることが彼との距離を縮める一番の早道です。

③ 結婚したい人

適齢期を過ぎると、「まわりから結婚しているの？」と聞かれることも多くなるかもしれません。「大きなお世話！」と感じながらも、自分でも結婚願望のある人は早くに結婚したいかもしれません。

理想の相手と結婚したい場合は、どうしたらいいのでしょうか。それは、結婚を最終目標にしないことです。

結婚したらどうしたいかを、自分のことだけにフォーカスして言葉にして書き出してみましょう。

結婚をゴールに設定した場合は、結婚した途端に心配事が増えてきて、また結婚しなければならないような現状を創り出してくれるかもしれません。

結婚したい人は、結婚したらどのような生活をしているか、どんな場所でどんな格好をして、どんな仕事をして、子どもは何人で……と自分の結婚生活をイメージの中でシミュレートしてみましょう。

そのときに気をつけることは、だれかを思いどおりにしようという思考は入れないことです。

あくまでも、自分がどんな生活を楽しんでいるかをイメージしていきます。苦しいときは支え合いたいというような思考もしないほうがいいですね。

苦しいときを創造してしまいますし、支え合わなくてはならないような現実を創り出してしまいます。

また、「私もパートナーも病気もせずにいつも元気」という思考もNGです。

一見よさ気なこの思考は、じつは、無意識に病気を創り出す可能性が高いからです。つまり、いつも元気でなくてもいいんだな……、いつも元気ではないほうがいいのか……、と潜在意識は認識してしまうかもしれません。

こういうふうに余計な思考をたくさん抱えてしまっている場合は、言葉にするとすぐに誤解されますので、単語のまま思考を送り出しましょう。

・大好き
・愛している
・平和
・結婚
・教会
・ドレス
・ケーキ

など結婚式の風景をイメージしながら、その中で出てくるものや人を単語だけで表現してみるといいですね。

④ 離婚したい人

もう相手に魅力を感じなくなったり、一緒にいることが苦痛になってくると、離婚のことを考えるかもしれません。円満に離婚したい場合は、どうしたらいいでしょう。

そのときには、配偶者のよいところをひたすら紙に書き出すことです。

「そんなところがなくなったから離婚したいの!」と思うかもしれませんが、100%自分原因説で考えれば、あなたがキライと思っている相手はあなた自身なのです。

これはどういう意味かわかると思いますが、キライな人をそのままにしておくと、自分にどんどん矛盾が出てきて物事が悪いほうへ悪いほうへと向かっていってしまいます。

相手をただただ認めましょう。

そういう相手を創ってしまったのはあなたなのですから、「あなたの思考を修正するときですよ」というのを潜在意識が教えてくれているのかもしれません。

アングリーワークをして思考を修正しましょう。

⑤ 復縁したい人

彼なんかほしくないと言っている人にすてきな彼がいたり、性格の悪い人に彼がいたりする理由がわからない人もいます。

「自分はよい行いをして、人にも親切で、思慮深くすてきな女性のはずなのに、チャラチャラしている人のほうがすてきな彼氏がいて幸せそう……。おかしい！潜在意識も活用しているのに変！」

そう思っている人もいるかもしれません。復縁したいと思っている人は、好きな人とはうまくいかないかもしれないという不安を持っている人です。

あなたから見て節操のない人でもすてきな彼や彼女がいるのは、その人の思考には好きになった人とはうまくいかないという思考がないからです。

そういう人は、パートナーと別れてもすぐにまた自分にピッタリな新しい人が現れると思っていますし、パートナーが自分以外の人を好きになるとも思っていません。

あなたは好きな人から好かれるし、その人は他の人には見向きもしないと思っていますか。そうでないのなら、この思考を修正しないと復縁はできないことになります。

どうして不安なのでしょうか。どうして復縁したいと思うような出来事が起こっているのでしょうか。

あなたの思考が原因なのですから、それを探し出して修正しましょう。

アングリーワークで思い込みの思考を探し、修正してから新しい思考を送り出しましょう。

◆Sさんの事例

では、実際にSさんの例をご紹介します。少し長くなりますが、出会いから最後まで読んでみてくださいね。どうやってもまったく見向きもされなかったSさんが、好きな人からも、他の男性からもモテモテになるまでです。

Sさんは32歳のOLです。20代後半では結婚をあせっていましたが、今は自由も楽しくて、ひとり暮らしを謳歌していました。

あるとき、会社の取引先の方と夜飲んだことをキッカケに、その人のことが気になりはじめました。

その人の左手の薬指には指輪がはまっていたので、既婚者なのはわかっていましたが、話を盛り上げるのが上手で思慮深く、おもしろくて体型もガッチリしていて、目に力があり、男らしいYさんに、今までに感じたことのないような気持ちになったそうです。

同じプロジェクトを手がけている関係で、それから何回か会社の方と一緒に飲み会があり、その度にどんどんYさんに惹かれていったSさんでしたが、既婚者なのでLOVE感情までは持ちませんでした。

ある打ち合わせの日に議論が白熱して、会社の他の人は帰ってしまったのに、ふたりで飲みながら議論していて、気がついたら終電に乗り遅れ、タクシーを拾って乗り込んだときに、Yさんも乗ってきました。

車に乗り込むとYさんは、電話でビジネスホテルを予約していました。

Yさんの家は千葉だったので、車で帰るよりホテルに泊まったほうがいいということのようでした。

Yさんをビジネスホテルで降ろして、運転手さんに自分の家の住所を伝えたときに、Yさんが、タクシーの運転手に何やら話して、Sさんは車から降ろされました。

Sさんの部屋も取ってくれたようなのです。酔っ払っていたのもありますが、

Sさんは家まで帰るのも億劫だったこともあり、次の日は休みだったので泊まっていくことにしました。

フロントに行くと、ふたり別々の部屋をきちんと取ってあり、部屋に入り、化粧を落としてシャワーを浴びて、部屋についていたマッサージ器でくつろいでいました。

すると部屋の電話が鳴り、Yさんからでした。ルームサービスを頼んだから、あと一杯だけ飲みませんかとのお誘いでした。

もうシャワーを浴びて、化粧も落としていたし、部屋付属の寝巻きを着ていたので、その旨を伝えて丁重にお断りしました。

しばらくして、隣の部屋にルームサービスが来たようでした。

また部屋の電話が鳴り、やはりひとりでは食べきれないので、少しだけでも手伝ってもらえないだろうかとすまなさそうに話してきたので、おなかもすいていたので、隣の部屋にお邪魔することになりました。

それから、また楽しく食べたり飲んだりして、そろそろ部屋に帰ろうとお礼を言うと、すっかり酔っ払っていたYさんは大人のムードいっぱいで「楽しかった。すてきな夜をありがとう」と言われ、ハグされました。

「紳士だなー、この人」とボーッとしながら部屋を出て、自分の部屋に戻り、朝までグッスリ寝てしまったSさんは、先にチェックアウトして、Sさんの分の部屋代も支払ってくれていたYさんにお礼も言えないままでした。

Yさんの電話番号も知らなかったため、月曜日に会社に行ってから連絡しました。それからもプロジェクトの最中は何回も飲み会があったりしましたが、紳士的で男らしいYさんにますます惹かれていったそうです。

こんな状態で6ヶ月くらい過ごして、プロジェクトは終了し、Yさんともそれっきりになっていました。それでもSさんは、Yさんのことが好きになってしまい、忘れられずに恋愛成就したくてセッションを申し込んでいらっしゃいました。

Sさんの現実を見ると、まわりの人も穏やかでとくに問題はなく、恋愛だけがないという状態だと思っているようでした。早く恋愛成就したいSさんに「Yさんを忘れて、その次にしたいことを無我夢中でしてみましょうか」と言いました。

セッションが進んでいくうちに、Sさんにはこの意味を理解できるようになり、自分の打ち込めるものを見つけていき、前からたまにやっていたサーフィンを休日に集中して行くことにしました。

自分磨きのために、平日の朝は会社の下のフィットネスクラブで体を鍛えて、休日はサーフィンをしに海に出かけるようになりました。

毎日運動するようになってから、体も引き締まり、イキイキしているとまわりからも言われることが多くなっていったそうです。

1ヶ月半が過ぎたころ、サーフィン仲間から告白されました。

また会社の上司からも告白され、人生で「これまでになかった幸福!!」と感じたそうです。どちらの人もとてもよい方のようですが、返事を待っていてもらうと、Yさんから会社へ電話があり、飲みに誘われました。

会社の人も一緒かと思ったら、ふたりだけで夜景のステキなバーでカクテルを飲みながら、すてきなひと時を過ごしました。

Yさんは時間を気にすることもなくゆったりと飲んでいたのですが、Sさんは終電が気になり、「そろそろ終電もなくなるので帰ります」とふたりでお店をあとにしました。

Yさんは駅の上にあるホテルを予約してあるそうで、週末なのでゆっくりするようでした。今度は誘われることもなく、「そうだよねー」と思いながら改札から入ろうとしたときに、思いっきり後ろから名前を呼ばれ、振り返ると「忘れ物」

と叫んでいるようでした。

何か忘れたかと引き返すと、会社の書類が入った封筒でした。受け取って改札に行こうとしたとき、「なんだか名残惜しい」と言われて、もう1杯だけ飲むことになり、終電がなくなったら泊まっていけばよいと言われ、ホテルでルームサービスを取り、また楽しいひとときを過ごしました。

酔いがまわっておなかも心も満足で眠くなったので、Sさんはいつの間にかベッドでうとうと寝ていました。

Yさんはシャワーを浴びたらしく戻ってきて、「シャワー、気持ちいいよ。入ってくれれば?」と声をかけてもらい、ゆっくりシャワーを浴びました。

さっぱりして部屋に戻ると、ルームサービスも部屋の外に出されていて、冷たいお水を用意してくれていました。

「僕はソファーで寝るから君ベッドを使って」

と言ってもらい、Sさんはベッドに入ってあっという間に眠りについてしまいました。

ところが、その日はYさんはベッドに入ってきて、抱きしめてきました。キスもしながら体中を愛撫しはじめ、あっという間に愛し合いました。体の相性は最高で、こんなに満足できたのは初めてでした。

Yさんには「妻がいるのに、どうしても君が愛おしくて止められなかった」と謝られました。じつはそのとき、SさんはYさんに奥さんがいることは気にしていなかったのです。

Sさんはとてもうれしくて満たされたのですが、奥様に申し訳なくて、これっきりにしようと「もう二度と会うのはやめにしましょう」と言い、次の日、別れました。

Yさんと恋愛成就したくてがんばっていたのですが、自分は人に愛されるだけの女になった！　という自信があったので、もうYさんに会えなくてもぜんぜん平気でした。

その後、会社の上司（3つ上の先輩）とお付き合いすることになり、毎日楽しく過ごしていたところ、Yさんが奥さんと離婚したという噂を会社の人から聞きました。

その後、Yさんから誘われましたが、付き合っている人を大切にしたかったので、Yさんとは会っていないそうです。

【確認】Sさんの恋愛成就まで

Sさんは Y さんを好きで、恋愛成就させたかった。Yさんには奥さんがいて見向きもされなかった。SさんはYさんに向ける好きという思考エネルギーを、自分を好きになるためのエネルギーに変えて、自分磨きをはじめる。魅力的な女性になり、まわりからモテモテになる。Yさんも奥様と別れて、Sさんに惹かれる。Sさんは会社の上司とお付き合い中。

人間関係とクリエイティブパワーメソッド

生きている限り、だれかと接点ができます。自分から人を拒まない限り、だれかとかかわって生きていきます。

そのだれかを怖がったり、恐れたり、キラったり、イヤな気持ちになったりする必要はまったくありません。なぜなら、だれかとはあなただからです。

聖書には、「自分を愛するように隣人を愛しなさい」というイエスの言葉があります。この言葉は何回も聖書の中に出てきます。

複雑にいろいろな人に見えるあなたの現実での登場人物は、すべてあなたです。あなたが創ったあなたの思考でできています。

だれかを嫌うことは、自分をキライと言っていることになるのです。

この人はA子さん、この人はB子さんで、あっちはC男くんで、あそこにいるのがD介くんというように、あなたが自分の思うとおりに登場人物を定義しているから、そのようになっているのです。

あなたの無意識は、あなたの意識していないところで、複雑な現実を創り出しています。

たとえば、あなたがだれかと結婚して、夫（妻）の実家の妹やお母さんともめているとしましょう。

そして、心がモヤモヤと押しつぶされそうなイヤな気持ちを引きずっていることがあるとしても、いつまでもそれを心にとどめておくことはありません。

すべてはあなたなのですから、お義母さんやお義父さんから傷つくことを言われたら、「あ！　私もだれかにそういうことを言っているんだろうな……」と気が付くときなのです。

気が付いたらリセットできるチャンスがあります。

でも、自分のそういうずるくて、イヤな思考は認めたがりません。自分のまわりの人間関係を変えたかったら、傷つけられたと自分の正当性を訴えるよりも、「そうか、私もそういうところがあるんだ」というふうに認めてしまいましょう。

自分のほうが正しいと言い張って怒っているよりも、すっきりするのを感じることができるでしょう。

言われていることは、先に自分が言っていることです。

また、されたと感じることは、じつは自分が先にしていることです。絶対にそういうところがありますので探してみましょう。

この宇宙の法則がわかるとトラブルはなくなります。

自分で自分のトラブルを発見できますので、解決が可能ですから、トラブルが大きく発展してしまうことはなくなります。

あなたが人に何かを言われたら、ムカっとする前でも、したあとでもいいので、「ん？　私がやったこと？」と考えて、そういう思考を持っているということを教えてくれた潜在意識に感謝しましょう。

ムカつく相手はこの宇宙に存在しません。

あなたがその人のことをムカつく相手と定義したから、その人はムカつく人になっただけで、それまではその人はムカつく人ではありませんでした。

あなたがその人のことをムカつくと思った瞬間から、あなたの世界にはムカつく人がひとり生まれるのです。

【確認】人間関係をスムーズにするには

人間関係をスムーズにするには、人＝自分ときちんと認識することからはじめましょう。

１００％自分原因説がわかっていたら、人のことを悪く言うことがなくなりますし、人とうまくいかないと決めつけているのはあなたであって、他の人が原因ではありません。

１００％自分原因説で考えてみましょう。

目の前の現実だけを見るのではなく、高次元（潜在意識の領域）から物事を見るようにしてみましょう。

人間関係のトラブルを解決するには、今の現実に惑わされずに自分の幼い思考を修正してから、新しい思考を送り出していきましょう。

① 不安はどこから来るのでしょう

「なんだか不安だな」と思うときは、自分の中の攻撃の思考が引っ込められて、修正されないまま存在しているということです。

自分の中の攻撃の思考が何かを探るには、アングリーワークをして修正する思考を見つけましょう。

自分の思いどおりにならなかったときに、ストレスがだんだん怒りに変わります。だれに対しての怒りでしょうか。何に対しての怒りでしょうか。

その対象になっている人に対して、言いたいことを思いっきり言葉にしてみると、自分の修正する思考が見えてきます。

それは、たいてい思い込みの思考になっていて、同じパターンの法則を創り、過去から今までのあなたの人生の中で暴れていた思考のはずです。

取り残された幼い思考を見つけて修正しましょう。

② イヤな人はどうして自分のまわりにいるのでしょう

自分の毎日の生活が円満で悩みのない人は、いつも満たされていて、安心感に包まれています。一方、トラブルが多くてストレスばかりの人は、いつも暗い気持ちで毎日が不安と怒りでいっぱいかもしれません。

なぜ自分のまわりにイヤな人がいるのでしょうか。

なぜ自分はがんばっているのに理不尽な目にあうのでしょうか。

なぜまわりの人が認めてくれないのでしょうか。

これは、あなたにとっては耐えられない状態かもしれません。冷静に「なんでだろう？」と考えられるようになったときに、100％自分原因説で考えてみましょう。

100％自分原因説で考えると、この宇宙にはイヤな人は存在しません。イヤな人がまわりにいるということは、あなたがその人をイヤな人と認定したからです。

あなたがその人をイヤな人と感じるまでは、あなたにとって、その人はイヤな人ではありませんでした。あなたがイヤな人と認定したから、その人はイヤな人になったのですね。

あなたは、実体のないイヤな人に振り回されていると認めてみましょう。

納得できないときは、ゆっくりと無意識部分でOKが出るまで、このことを考えてみましょう。

イヤな人はあなたが創り出したのですから、このイヤな人から解放されるには、その人がじつはイヤな人ではなかったと認める必要があります。

でも、今のあなたには、どうやってもその人はイヤな人にしか見えません。どうしてそう思うのでしょうか。

その人が自分の思うとおりに動かないからかもしれません。または、その人が自分の意見を認めないからかもしれません。または、その人が自分を無視するからかもしれません。

どのように考えても、自分にとってムカつく相手だからですね。それって、どれだけ自分本位なのでしょうか。

自分のまわりがイヤな人だらけになってきたら、あなたの中の幼い俺様思考が暴れていると思ってみましょう。そして、修正する思考をアングリーワークで見つけて、修正していきましょう。

③ 無感情から抜け出すには

「何もやる気にならない」「何を見ても感動しない」「何をしても楽しくない」「何にもしたくない」……。

こんな症状のときはどうしたらいいでしょうか。あなたはジタバタしてなんとかしようと試みたかもしれません。

何も感じないとき、何もしたくないときは、あなたは自分で思考を送り出すことをお休みしている状態です。

このままにしておけば、あなたの世界は終わります。送り出される思考がなくなったら、あなたの現実は消滅してしまいます。

あなたの無意識はそれがわかっているので、それではダメだから「何かを考えてよ！」「働いてよ！」「行動してよ！」「感動してよ！」と、まわりの人を使って言ってくるかもしれません。

あなたの潜在意識は、あなたを幸せにするために存在していますので、あなたを途中で投げ出すことはしません。

あなたがどんなに無感情で何もやる気が起きなくても、どうにかしてあなたを笑わせようと工夫しはじめます。

あなたが昔持っていた思考でしまわれている思考を探してきて、それを現実化させるかもしれません。潜在意識はあなたが眠っているときに夢を見せてくれるかもしれません。

その夢は、あなたにとって大切な潜在意識からのメッセージです。その夢の中で感じた感情を表現するところからはじめましょう。

怒りでも喜びでも悲しみでもなんでもいいのです。無感情になったあなたのことを一番心配しているのは、あなたの潜在意識です。

急がずに夢を楽しみにしてみましょう。あなたは無理に何かをする必要はありません。安心しましょう。

夢や現象からメッセージを受け取ったり、親しい人の言葉でムカッとくることがあるまでじっくり待ってみましょう。ムカッとくることがあったら、その現象にスポットを当ててみましょう。

そうしたら、アングリーワークができるようになります。ワークで探しあてたその部分の思考を修正すればいいのですね。

④ 人から攻撃される人は？

自分もだれかを攻撃している人です。そして、怒りをたくさん心の奥にしまっている人になります。

今はもう怒っていなくて、怒りを閉じ込めている人は、行き場をなくした怒りは他の人に現象化されます。そうすると、自分は怒りをもう表現していないのに、他の人から怒りをぶつけられそうに感じます。

攻撃されるかもしれないと不安に感じている人は、自分の怒りの思考を引っ込めた人です。実際に攻撃される人は、今も自分に攻撃の思考がある人です。つまり、怒りの感情がある人です。

あなたが今現在、だれかから攻撃を受けているように感じたら、あなたの中の怒りを確認してみましょう。そして、その怒りを通して潜在意識からのメッセージを受け取り、あなたの思考を修正しましょう。

両親とクリエイティブパワーメソッド

① あなたと両親

あなたのご両親はどのような人でしょうか。あなたの安心できる場所だったでしょうか。いつも味方をしてくれたり、話を聞いてくれたり、おいしいご飯をつくってくれたりしたでしょうか。それとも自分のことしか考えていないご両親だったでしょうか。

認めてもらったこともなく、つらい出来事もあって、感謝はするけれど好きにはなれない存在でしょうか。それともご両親のことは知らないでしょうか。

どのようなご両親であっても、あなたが選んだ人たちです。こういう父と母にしようと決めたとしたら、どんな理由で、なぜ今のご両親にしたのでしょうか。

今の両親だと、あなたにとってメリットが多かったからです。どんなメリットがあって、今のご両親を選んだかを知りたい場合は、自分の思考とゆっくり向き合って、ご両親への感謝の気持ちを書き出したり、不満な気持ちを書き出してみましょう。重要なヒントを得ることができます。

② 愛されているあなた

信じられない人もいると思いますが、この世に生まれてきている人は全員愛されています。

それは、100%自分原因説で考えればわかるのですが、わからない人は錯覚が取れるまで思考と向き合ってみましょう。それがわかるワークをしてみましょう。

自分のオーラを輝かせて愛でいっぱいにし、母親に愛されていないという気持ちを修正するワーク

気持ちを修正するワークはいろいろあるのですが、今回はオーラを輝かせて修正してみましょう。

あなたは「ここに存在している」、

ただそれだけで愛されている
という定義を持って考えてみましょう。

あなたはここに存在しているから、いろいろな感情を感じることができていま
す。存在していなかったら、感情もありません。

母親に愛されているという実感がない、
または愛されていると信じたくない人は、
母親よりもっと上の存在……、
ここではまばゆいあたたかい安心できる光としましょう。

そのキラキラと輝く大きい光に包まれて、愛されて、
あなたはここに存在していると思ってみましょう。

その光から「愛している」

という声が聞こえてくるのを
感じてみましょう。

そして、光があなたにシャワーとなって降り注ぐのを
イメージしてみましょう。

あなたは十分に愛されてここに存在しています。
その光に感謝して愛を返しましょう。

5分くらい時間を取って、
ゆっくりあたたかい光に包まれて、
とても幸せな自分をイメージしてみましょう。
あなた自身もキラキラと輝いてきます。

この光は、あなたにとって特別な存在です。神のような存在です。

その特別な光から、あなたは一身に愛を受けています。
十分に光をあびてくださいね。

傷ついた心も体も、すべて光が癒してくれます。
あなたは愛でいっぱいの存在になりました。
また愛をほしいときは、すぐにこの光に会いに行けます。

あなたの体はすっぽりとキラキラと輝く光に包まれています。

さて、あなたのオーラはキラキラと輝くようになりましたので、
あなたの目にも光が見えます。イキイキしている状態です。

ここで、もう一度考えてみましょう。100%自分原因説で考えれば、この世の中のすべては自分の思考で成り立っています。
そういうふうに考えるのが、100%自分原因説です。

つまり、この光の存在も自分ということになります。

光であるあなたが、
今のあなたを愛しているのを
感じることができたと思います。

100%自分原因説の思考で現実ができているなら、
光もあなた、
母親もあなたですね。
光になったあなたが、今のあなたに向かって
「愛しているよ」と言ってあげてください。

光からたっぷりとあなたが愛をもらったら、
今度は小さいころの自分をイメージしましょう。

母親と一緒のところをイメージします（母親の記憶がない人は本当の母親でなくてもイメージの母でOKです）。
母親の中に入ってみましょう。

小さいころのあなたと向き合います。
今度は母親であるあなたが、小さいころの自分に
「愛しているわ、大好きよ」と言ってあげてください。
イメージの中の小さい子どものあなたが、安心した顔になってニコッとするまで、「愛している」と言いましょう。

そして、イメージの中の子どものあなたがニコッとしたら、
今度はイメージの中の子どもの中に入ってみましょう。

そして、母親に「大好き!」って言ってみましょう。
抱きついてもいいですね。
母親は自分をたくさん愛してくれている。
自分もそんな母親が大好き、そういう気持ちになれたらOKです。

いつでも無償の愛をもらっていると思える人は、とても安心でき、心から幸せな生活を送ることができます。知らないうちに自分のまわりにも、幸せな人が増えてくるでしょう。

まわりもすべて自分ですから、自分と関係のある人が幸せになってきたら、本当の幸せに近づいているということです。

このオーラを輝かせて愛をいっぱいにするには、呼吸法から入っていくのがとても効果的です。

もっと深くオーラを輝かせたい人、オーラを感じたい人は、目をつむってゆっくり深呼吸を5回してからはじめます。深呼吸をするときは、鼻から吸って口から出すパターンにします。

鼻からゆっくり、1、2、3……と心で数えながら、キラキラのオーラを吸い込む感じです。そして、口から自分の暗い気持ちを吐き出します。

1、2、3……と心の中で数えながら、吐き出すときは、ため息をつくみたいに「は～」と出します。

ワークはこれでおしまいですが、このワークが今はまだ必要ない人もいます。またば、このワークをやりたくない人もいます。

それは不幸である自分、愛されない自分をもっと演じたい人です。

不幸であることが、その人にとってはメリットがある場合は、愛を受け入れること、不幸を排除することは、その人にとってマイナスになります。

どういうことかというと、不幸をがんばる原動力にして、行動したい人もいるということです。不幸がなくなったらがんばれないという人です（無意識にそう思っている場合があります）。

ワークをして思考を修正していくときは、不幸である自分、愛されていない自分にはなんのメリットもないから、やめたいと思ってはじめてください。

育児とクリエイティブパワーメソッド

① 素直な子を育てるには

初めての育児をするお母さんは、不安なことが多いかもしれません。

いろいろな育児に関しての情報が多方面から入ってくる時代です。どれが自分に合っているのか、どれが自分の子どもにとってよい育児方法なのかがわからなくなって、おろおろしてしまうこともあるかもしれません。

育児は難しく考えることはありません。あなたが赤ちゃんだったら「どうしてほしいだろう?」ということを考えて行動してみると、あっという間に1日が終わるでしょう。

自分が赤ちゃんだったらというのが感じにくかったら、自分が動けなくてしゃべれないと考えてみると、わかりやすいかもしれません。何をしてほしいでしょうか。

それを考えるのも難しいようだったら笑顔育児です。人には笑顔があります。笑顔育児はどんな育児書よりパワーがあります。

笑顔を見ながら育った子と、笑顔もなく育てられた子では、どちらが自信を持った生活ができるようになるでしょうか。どちらが安定した気持ちを持ち続けられるでしょうか。

無条件に認めてもらうことが、どんなにすばらしい育児法かということは子育てが終わってみないと気がつかないことかもしれません。

そこに存在しているだけで愛おしくて、何もできなくても無条件に受け入れることができるというのが、本当の愛情かもしれません。

１００％自分原因説がわかった状態になると、どんな人が目の前にいても、そこに存在しているだけでＯＫと思えるようになります。

この感覚は、無理やりそう思おうとしなくても、人だけではなく、すべてのものに心から感謝ができるようになってきます。

さて、育児や教育で何か悩んでいることがあるのなら、まず、子どもを自分の思いどおりにしようと思わないところからはじめましょう。

母親のストレスの原因は、子どもは自分の思いどおりになると、無意識に思い込んでいるところからきています。

１００％自分原因説を使った子育てをしてみましょう。今よりも、もっと笑顔いっぱいの日常になってくるでしょう。

◆Aさんの事例

ここでは、Aさんの例をお話しします。

Aさんは26歳の、1歳と3歳の男の子のママさんです。夫は帰りが遅く、すべての育児は彼女に任せられています。

夫婦のご実家は両方とも遠く、頼れる距離ではありません。1歳の子は寝つきが悪く、夜中に火がついたように泣き出すことがあり、そうなると1時間くらい泣きやまず、Aさんは眠ることができません。

昼間は上の子の遊び相手だけでもヘトヘトで、夫が帰ってくるころにはグッタリしています。子どもを寝かしつけながら一緒に寝てしまうことも多々あります。

Aさんはいつも寝不足で、いつも落ち着いてごはんを食べることができず、自分の好きな本も読めず、自分の好きなドラマも見ることができず、すべて我慢して自分の時間を子育てにかけています。

上の子がいつもつきまとって「遊んで」と言ってくるので、あまりにもイライラしていたので、思いっきり「うるさい」と言って突き飛ばしたことがあったそうです。

それから長男はいつも怯えるようになり、言いたいことも言わないようになり、そばにいるだけになってしまいました。Aさんはウジウジしている自分の長男を見ると、また腹が立って怒鳴ってしまいます。

子どもの寝顔を見ると、「悪かったな……、怒鳴ってごめん……」と涙がぽろぽろ出てきてしまいます。

これは完全なる育児ノイローゼなのですが、自分では気づきにくいかもしれません。怒鳴ってしまう自分を責めてしまうし、完璧に子育てをしようと思い過ぎて、理想の子育てと実際の子育てのギャップに苦しくなってしまうパターンです。

子育てでトラブルを感じることがある場合は、ここを確認してみましょう。

つまり、自分の理想の子育てを無理強いしていないかどうかです。

自分に対しても、子どもに対しても、自分のよかれという思い込みだけで育児をしている場合です。無意識でしている場合がほとんどです。

その無意識の思い込みが、ちょっと違う方向の思い込みだったりするかもしれません。つまり、自分の思いどおりに子どもを動かしたいと思っているのかもしれません。

では、どのようにしたらスムーズに育児ができるか、Aさんの例の続きをご紹介します。


Aさんは育児にすっかり自信がなくなってしまいました。

休日は、夫が全面的に育児に協力してくれるのでストレスもあまり感じないのですが、平日は、ごはんのしたくとおやつのしたくと、掃除洗濯や子どもとの遊びでグッタリ、夜もお風呂に入れて、子どもの髪の毛を乾かしたり、飲みものを飲ませるだけでも2時間くらいかかり、夜中まで自由時間はありません。

昼間は公園に連れて行くと、人の家の子どもとお母さんは楽しそうで、何も悩みがないように感じ、自分だけ取り残されているような感じにさえなります。

長男が、見ていないところで下の子をいじめているところも発見してしまい、ますます上の子が憎たらしくなり、そんな自分を責めてしまっていました。

Aさんには自分が言いたいことを飲み込まないで、すべて紙に書き出すように言いました。すると、下の子がぐずって眠らないことに対しては、

「何で寝ないの！　早く寝て！　私も寝かせて！　泣き止め！」

上の子が下の子をいじめることに対しては、

「なんて子なの！　ママが見ていないところでいじめるなんてずるい子！　なんでそんな子になっちゃったの」

上の子が自分の機嫌を伺う感じなときは、

「もうイライラする！　向こうで自分で何かして遊んでて！　こっち来ないで！ウジウジしないでしゃんとして！」

上の子が遊んでと言うときは、

「ちょっと待って！　今、下の子を寝かせているのに、また起きちゃったじゃない。自分で少しは考えて遊んだら？　いつまでも頼るな！　わがまま言うな！ひとりで遊べ！」

とそれぞれ言いたいことを書き出せました。

また、ご主人に対しては、

「いいわねー、帰ってきたら自分の時間が持てて。なんで私ばっかりこんな生活なの。ずるい」と言いたいのもわかりました。

これらの吐き出した気持ちは、すべて自分に言われている潜在意識からのメッセージです。潜在意識は、あなたにどんなメッセージを残したでしょう？

「泣きやみなさい。ずるい子。ウジウジしないでしゃんとして。いつまでも頼っていないで自分で考えなさい」といったところでしょうか。

育児で悩んでいる母親にとっては、キツイ言葉ですね。十分過ぎるほど一生懸命やっているのがわかるからです。

でも、潜在意識はメッセージをくれています。まず、自分が悪いわけでも子どもが悪いわけでもありませんので、責めるのはやめましょう。そして、潜在意識からのメッセージを冷静に見つめてみましょう。

・泣き止みなさい

泣いても仕方がないのだから、これはすぐにわかったようです。

・ずるい子

自分のどこがずるいのかを一生懸命考えてみました。すると、たくさんのずるい思考が出てきました。

休みの日は、育児と家事のほとんどすべてを夫に任せているし、実家から仕送りしてもらっているし、疲れているからと自分が休みたいから、子どもを外に連れて行かなかったり、子どもにウソをついて、遊びに行く約束を守らなかったり、その場で子どもを泣き止ませるための小さなウソをたくさんついていました。

・うじうじしないでしゃんとして

これはまさに自分に言われているのがわかるので、凛としているように心がけました。

・いつまでも頼っていないで自分で考えろ

これは毎日のように実家に電話して、話を聞いてもらっていたことだなと思いました。もう自分でしっかりしないといけないのだなと認めることができるようになりました。

・ご主人に対してのずるいという気持ち

これは自分がずるいのはよくわかったそうです。夫は会社で同じように仕事でストレスがあるはず……。夫も休みはゆっくりしたいはずなのに、文句も言わずに育児をしている……。ずるいのは、自分ばかり大変で、自分ばかり疲れていると認めてほしかった私だと気がつきました。

潜在意識からのメッセージを受け止めて、自分の思考の修正をし、実生活でも行動を改善していきました。

子どもがずるいのではなくて、自分がずるかったのがわかったAさんは、子どもが泣くたびに「あ～、これは私の心だったんだ……」とやさしくすることができ、子どもが遊んでとわがままを言うたびに「これも私の心だったんだ」と認めることができるようになりました。

何を子どもがやっても、小さいころの自分だと思ってみるとかわいく思えてきて、感情に任せて怒鳴ることもなくなりました。

2ヶ月も経つと、子どもたちはとても落ち着き、上の子は下の子の面倒をよく見てくれるようになり、下の子もよく寝てくれるようになりました。

その結果、下の子が寝ているときには、上の子とも十分に遊べるようになり、いつも下の子と遊ぶ上の子を褒めていたので、上の子は自信を持ち、だんだん外に遊びに行っても、他の子と積極的に遊べるようになりました。

少し前の子とは別人のようです。子どもとの関係も、自分の気持ちも安定してきて、子育てが楽しくなってきたころ、夫の部署が変わり、今までよりも2時間も早く帰宅できるようになりました。

その結果、お風呂は毎日夫が入れてくれるようになり、Aさんは自分原因説を毎日実感するようになってきました。

【確認】 素直な子を育てるには

・子どもは自分の思いどおりになるものと思わないこと
・子どもに言いたいことを紙に書き出してみること
・そして潜在意識からのメッセージに従ってみること
・そのメッセージを認めて、思考を修正してから行動にも反映させること
・笑顔で過ごすこと

子どもを変えようと思わないで、ママが変われば子どももまわりも変わっていきます。魔法のような変化を楽しみましょう。

子育てとクリエイティブパワーメソッド

①引きこもりや登校拒否を解消するには

子育てとは、いつまでのことを言うのでしょうか。

子どもが高校を卒業するくらいまでが、子育て時期かなと私は思っています。子どもが小さいときの問題と、子どもが大きくなってから起こる問題は少し違います。

お母さんが、子どもを自分の思いどおりにしようとしている時期が長いと、子どもはストレスが溜まり、自信を持てなくなり、いつも不安になり、その結果、不安になるような出来事ばかりが起こるようになってくるかもしれません。

つまり、いじめにあったり、不登校になったり、情緒不安定になったり、反抗的になって、夜出かけるようになったり、異性に逃げるようになったりするかもしれません。

毎日少しずつ歯車がずれてくるように、現実があなたの望まないものになっていくので、あなたのストレスもマックスになってきます。

この現実を変えるにはどうしたらいいでしょうか。

◆Mさんの事例

Mさんの例でお話しします。

Mさんは高校の図書館で働くママです。教育熱心で自分が小さいころにしたかった習いごとは、すべて子どもに習わせています。

子どもは素直で、すべてMさんの言いつけどおりに習いごとをして、成果も上々です。上の子は文句も言わずに、Mさんの勧めたものやことはすべて器用にこなしていました。

でも、小学校高学年のころからいじめにあうようになりました。

Mさんも小さいころに、いじめにあったことがありました。そのとき、お母さんが助けてくれたらよかったと思っていたので、いじめている子の家に抗議に行ったり、先生にも間に入ってもらって、学校でも教室でしばらく見張るようなことをしたりしていました。

Mさんの子どもは、ますますクラスから孤立していきます。小学校でいじめがひどかったので、地元の中学には進学せず、受験をして中高一貫教育の学校に入りました。

最初は順調だった学校生活も、Mさんが部活の帰宅時間が遅いことで、学校にクレームをつけたりしているうちに、また上級生からのいじめにあうようになってしまいました。

今度は教育委員会にまで手紙を書いて、いじめている上級生全員の親にも手紙を書き、これ以上、長女に嫌がらせをしないようにと釘をさすようになりました。

そのあと、娘さんは部活にいられなくなり、家にまっすぐに帰ってくるようになって、それから、だんだん引きこもりがちになり、不登校になってしまいました。

「どこに行っても頼りない先生ばかりであてにならないし、いじめる子の親もどうしようもない親ばかり」とMさんは言っていました。

学校に行かない娘をつい責めるようになってしまい、自分が娘を支配していたかもと感じ、なんとかしたいとセッションにいらっしゃいました。

セッションをするうちに、Mさんは自分の思考を認めるのがつらくなり、一度中断しました。そのくらい自分勝手で、わがままな幼い思考がたくさん残っていたからです。

でも、自分を責める必要はないし、自分の現実だから自分で変えられるということに気がつき、再度、思考に向き合うことにしました。

思考が現実になることを信じることができている人は、こんなふうに過去の思考と向きあうことをしなくても、新しい思考を送り出していけばいいのですが、どうしても思考が現実化することを信じられない場合は、たしかに自分の思考で現実はできていたということを確認する必要があります。

そして、今までの思考をそのままにせずに、向き合って修正してから新しい思考を送り出します。Mさんは、だんだん自分の思い込みの思考が、同じパターンになって起こっているのを確認しました。

子どもが小さいころから、自分のよいと感じたものをやらせてきたこと、過干渉だったこと、子どもの考えや言動より自分が先に動いてしまっていたこと、姉妹と比較してしまっていたこと……。

自分のイヤな部分を現実化してくれているのが、娘だったようでした。わがままな自分勝手な思考は、Mさんが子どものときからありました。

愛情をかけられて育ちましたが、あまり干渉されずに、もっと相談に乗ってほしかったので、自分の子どもには進路のこともすべて決めて、立派な頼りがいのあるお母さんでいようとしていました。

自分は子どものころ、お母さんに干渉されずに伸び伸びやってきたから、自分で考え、自分で切り拓く力がついたのですが、クラスで孤立している娘のために過剰に干渉して、かえって事態を悪くさせていました。

それもうすうす気がついてはいましたが、絶対にそのほうが子どものためと思って、長女にはそのように接してきました。

次女は、天真爛漫で習いごとも自分で決めたものしかやらず、なんでも自分でやる子で、伸び伸び育ちました。

クラスの人気者で、いつもまわりには友達がたくさんいるような子で、明るく、どうして同じ姉妹でもこんなに違うのかと思ってしまうほどでした。暗く、家に閉じこもりがちの長女にはキツイ言葉ばかり言っていたのです。


さて、そんなMさんですが、最初はどんなに思考を修正しても、目の前にいる子どもは学校に行かないので、まったく変わっていないと思っていました。

でも、心が折れそうになりながらも、今の現実に惑わされないように、心のスクリーンには、Mさんが最高の笑顔で長女と話しているところを思い浮かべるようにしていました。

Mさんは、怒りたくなったら怒るセリフを頭の中で考えてみて、それは自分に言われている言葉と受け止めるようになり、長女に怒ることはなくなっていきました。

ヒステリックに怒らなくなってから2ヶ月くらいが経ったころ、急に長女が学校に行くと言い出しました。

髪の毛もボサボサにしていたのに、身なりもきちんと整えて、唇にはリップまで塗っています。

定期券が切れていたのですが、「自分で行きたい」と言い、ひとりでバスに乗って学校に行きました。その学年に行ったのも、そのクラスに行ったのも初めてでしたが、普通の下校時刻に帰ってきました。

それもとても楽しそうにです。思わず、長女に抱きつき、「今日はどんな日だった？」と話をたっぷり聞きました。

それから毎日学校にも通って、部活にも入り楽しそうです。Mさんの生活も一変しました。

子どものことばかりを考えて、どうやったら今より子どもが快適に暮らせるかを考えるのが生活の一部になっていましたが、聞き手に徹することで、かえって子どもにも独立心が生まれ、何よりMさん自身がやっと自立できたなと思えるようになりました。

② 受験に合格するには

義務教育のうちは、受験をしなくても所属する学校は確保されていますが、私立や国立の幼稚園・小学校・中学校に入りたい場合や、高校や大学は、自分で選択して受験する必要がありますね。

受験して合格するには、何かコツのようなものが存在しているのでしょうか。潜在意識を使って高次元から受験をとらえると、スムーズに合格できるようになります。

まず、覚えた事柄は忘れないと潜在意識に記憶させることからやっていきましょう。一度見たことや聞いたこと、学習したことは忘れているだけで、潜在意識は蓄積してくれています。

必要なときに必要なことが引き出せるように、記憶するときに潜在意識に命令を出しておきましょう。そうすると、テスト本番でも必要な情報が引き出せるようになります。

また、受験本番で「自分も含めてみんなが合格しますように」という思考を本気で送り出すことです。

たとえそれが、40人中ふたりしか受からないような場合でもです。100％自分原因説を理解したら、実際の生活に上手に活用してみましょう。

【確認】 子育てをスムーズにするには

- 子どもの存在自体を認める
- 話をよく聞く
- 怒りたくなったら怒る言葉を頭の中で言ってみる
- 怒りたい言葉は自分への潜在意識からのアドバイス
- その部分を修正する
- 新しい思考を送り出す

美容・健康とクリエイティブパワーメソッド

潜在意識を使った美容法は、どんな美容液よりも、どんなエステよりも効果を期待できます。

自分の中の思考の毒を修正してデリートしてしまうと、皮膚に出ていたトラブルもなくなっていきます。そして年齢の思い込みの思考を修正すると、あっという間に素肌が蘇ってくるのを実感できるでしょう。

また、重病というわけではないけれど、いつもなんとなく疲れていて、気分がすぐれない人は、「自分で自分がどれだけ大変かをだれかにわかってもらいたい願望がある」ことになります。

体の不調は心と直結しています。思考から一番近い自分の体は、とても素直に思考を現実化してくれます。物質化することが容易だからです。

一度できてしまった現実は、変化させたり消滅させたりするには、少し時間がかかります。ニキビやシミがすぐに消えないと感じるのは、このためです。

また、ダイエットに関しても、物質化したものをなくしていくのですから、少し時間がかかるわけです。ですから、新しく思考を送り出して現実化させるほうが、スムーズに現実化してくれます。

この潜在意識の性質をうまく使えば、効果的な美容法がわかります。ニキビや吹き出物、シミ、シワなど顔に出るものや、体型などは、あなたの自信や毎日の表情、毎日の行動によって変わっていきます。

そして、魅力的になったあなたは自分のまわりの環境さえも変えてしまいます。

イメージングで美しくなる！

最初に自分の年齢の定義をたしかめるために、次の質問に答えてみましょう。

1　年齢を感じてくるのは何歳だと思いますか？
2　何歳からがおばさん（おじさん）と言われる年齢だと思いますか？
3　あなたは何歳まで生きていたいですか？

最後の何歳まで生きたいという答えで、あなたの年齢の定義がわかります。

80歳やそれより前を答えにしたのなら、あなたはすぐに老ける人です。「何歳まで生きる」ということを意識していない人は若々しい人です。

自分の年齢の定義を確認したら、なるべく100歳以上まで自分の趣味をして、楽しく過ごすところを想像しましょう。

イメージの中の100歳のあなたのまわりには、同じように100歳を過ぎた元気な友人がいて笑顔です。こんなおばあちゃんになりたいというイメージを持ちましょう。

このイメージングをすると、寂しいおばあちゃんの自分を思い浮かべる人がいるかもしれません。自分はひとり取り残されて生きている感じです。そのイメージも修正したほうがいいですね！

まわりのみんなも「長生き」という設定に変更しましょう。年齢の定義を修正したら、魅力的な自分の理想の顔や肌をイメージします。写真などがあればいいですね。

自分の気になる部分が、写真の人と同じになるイメージができるようになるまで、毎日寝る前にイメージングしましょう。

100％自分原因説を学んだ方は、思考が現実化することを理解できていますので容易にイメージを送り出せるはずです。

【期待できる効果】

・きれいになる
・便秘解消
・シミ、シワをなくす
・健康になる

光ワークで素肌イキイキ

いろいろな光ワークを用意していますが、素肌をピカピカにするワークに挑戦してみましょう。一番くつろいでいるときにしましょう。座っていても寝ていても構いません。

深呼吸をしてみましょう。

ゆっくり吸ってー、吐いてー（鼻から吸って口から出します）。
吐くときは、ため息をつくみたいにハーッと吐きましょう。
吸ってーのとき、心の中でいち、にい、さんと数を数えてみましょう。吐いてーのときもです。

もう一度、吸ってー（いち、にい、さん）、吐いてー（いち、にい、さん）。

次に、深く吸ってー（いち、にい、さん、しい、ご）、吐いてー（いち、にい、さん、しい、ご）。

もう一度、深く吸ってー（いち、にい、さん、しい、ご）、吐いてー（いちにいさんしいご）。

目の前に大きな扉があります。黄金色の扉です。

この扉の中は光のエステルームです。この光のエステルームは完全にあなたひとり専用です。

他の人が入ってくることは絶対にありませんので、ご安心ください。

それでは扉を開けてお入りください。

中に入ると、扉はゆっくりと閉まります。扉の中はキラキラとした細かい粒子の光で充満していて、とても広い空間です。


中に入っていくとロックがかかります。

ロックがかかると、あなたの目の前に真っ白な雲のような脱衣かごが現れます。

着ている洋服はすべて脱ぎましょう。服は脱いでも、光で充満しているので、あなたの体はほとんど見えません。


黄金色のやわらかい光でできたバスタオルがありますので、それを持ってみましょう。

黄金色のバスタオルを持つと、目の前に大きな黄金色の雲のようなふかふかのベッドが空中に現れます。

その黄金色の光でできたふかふかのベッドの上に行って横になりましょう。

重力がゼロになるよう調整されている光のベッドは、あなたが横になると形を変えて、あなたの体のあらゆるところに黄金色の光を放ちながら、ふわっと巻きついてきて、巻きついた場所は癒されていき、気になるところはきれいになります。

足・ひざ・もも・おなか・おしり・胸・肩・腕をふわっと雲のように包んでいきます。

光の雲が巻きついた場所は、ほかほかとあたたかく、とても気持ちがいいです。

黄金色の雲の一部分が、顔に光パックをしてくれています。ソフトなホットタオルを乗せているように、気持ちいい感じがしてきます。

とくに癒すことが必要な場所は、念入りに光の雲が巻きついてきて癒してくれます。

十分に心地よくなるまで光に包まれたら、黄金色のベッドから起き上がってみましょう。体がとても軽くなっているのを感じられるはずです。

ベッドの上の空間に、光のシャワーが出てきました。十分に顔も体も光のシャワーで洗いましょう。

十分に洗えたら、シャワーノズルが出てきました。十分に顔も体も光のシャワーで洗いましょう。

黄金色の雲のベッドから降りてみましょう。黄金色のバスタオルがあなたの体に巻きつきます。

足元を見てみましょう。

足がだんだん温かくなってきました。光の温泉ができています。黄金色に輝いた光の温泉に肩までゆったりと浸かってみましょう。

体があたたまったらあがりましょう。

あなたが温泉からあがると、自動的に瞬時に服を着ています。温泉からあがっても部屋の中はキラキラした光で充満していて、気持ちのいい空間です。

この気持ちよさに浸ったままワークを終了しましょう。


このワークは、体の気になるところを思い浮かべる必要はありません。光はすべてを知っていますので、自動的に体をスキャンしながら、最適な場所を癒してくれます。すっかり安心して任せましょう。

このワークの途中で寝てしまっても構いません。心地よさの証拠ですね。

① プロポーションがよくなりたい

プロポーションがよくなりたいとか、ダイエットしたい場合も光ワークをしましょう。

100%自分原因説を利用してダイエットすると、どうなるでしょう?

普通のダイエットは、目に見えることの中で解決する三次元世界でのダイエット法ですが、100%自分原因説を使ってダイエットするというのは、それよりも上の次元からダイエットをしてしまいます。

高次元からのダイエットというと不思議な感じですが、潜在意識を使ったダイエット法も高次元からのダイエット法です。アファメーションもこの部類ですね。潜在意識を使うのも、物質世界ではなく、心の世界からのアプローチですよね。

次元のことは深く考えなくてもいいのですが、もともと肉体は三次元で持っているものですが、高次元では肉体はないと考えます。そこで、今自分が自分の体を抜け出して、「幽体離脱した！」とイメージングしてみましょう。

幽体離脱したあなたの体は、どのような背格好でしょうか。すごくスレンディーでしょうか。ナイスバディーでしょうか。

たいていの方は肉体を捨てても同じ体型をイメージしてしまうかもしれません。これでは肉体のほうも太ったままなのですね。

いくら食事制限をしても、いくら運動をしてもやせられない人は、イメージしてみて自分でたしかめてみるといいかもしれません。

肉体のないあなたの体は、じつはイメージングだけで簡単に形を変えられます。なのに、頑固なあなたのイメージは、今の自分（肉体）かもしれません。

そこで、万能の力を持つ光に登場してもらいましょう。自分の肉体のない体（幽体とか霊体という人もいますね）を光エネルギーでダイエットしてみましょう。

万能の力を持つ光に登場してもらうわけですが、その前に……、どうしてダイエットしたいのに、ダイエットできない人がいるのでしょうか。


イメージングが下手という以前に、「やせたい」「今度はがんばる！」「今日くらいしなくてもいいか～」「そろそろ本気でやらなきゃな～」「あ～、今日もできなかった」「自分の習慣を変えるのが面倒くさい」「だれかなんとかして～」「何もしなくてもできる方法ならダイエットしたい」という究極の人任せ思考・怠慢思考を持っているのもひとつの原因かもしれません。

人任せ・怠慢思考とは、自分でやると決めない、つまり、自分でやらないと決めたということなのですね。

何をしたらいいかわからないという人も、この人任せ・怠慢思考に突入しています。

ダイエットで成功しない人は、このように知らず知らずのうちに、自分でやらないことを決めた、つまり、ダイエットで成功しないことを自分で決めたのですが気がつきません。

自分で決めているのですから、成功するわけがないのですが、なかなか錯覚から抜けることができないかもしれません。

自分の思考が確認できたら、それがどんな思考であったにせよ、認めてあげます。そういう思考を自分が持っていたことを認めます。

認めるということは難しく考えずに、「へ～、そうなんだ」と思うことです。「そうか、私はこんなふうに感じていたんだ」と思うことです。

あなたがもし、ダイエットがなかなか成功しない人だったら、「私は人任せで、怠慢な思考を持っているのか～」と認めましょう。

そして、自分でそれがどんな思考か確認したかったら「私が持っている人任せ、怠慢な思考とはなんだろう？」と考えてみるといいかもしれません。そうすると、

「あ！　家の掃除やごはんづくり、いつもお母さんに任せていたな……」

「あ！　面倒くさいと言って資格試験をあとまわしにしていたな……」

「あ！　あの人から電話もかかってこないと怒っていたな。自分でかければよかったのに……」

「あ！　だれからも誘われないと思っていたな。自分から積極的に誘いもしない

で……」

「だれも自分をわかってくれないと思っていたな。自分は何様？　わかってもらう努力もしないで……」

「こんな仕事を押し付けられてイヤと思っていたけれど、自分の仕事とは思っていなかったな。この会社にいる限り、だれの仕事でも喜んでやるべきことだったのに、私って何様なの？」

「あ！　子どもが毎日早く宿題しないことを怒っていたな。私も毎日ダイエットが続かないのに……」

あなたの怠慢な思考や人任せな思考が探せばたくさん出てきます。こういう思考があると認めたうえで、

「お～、私にもあったんだ、人任せ思考！　怠慢思考！」

「これじゃダイエットも成功しないよな～」

「じゃあどうしたらいいんだろう？」

と、この思考を修正したい、この思考は自分にとってなんのメリットもないと思って初めて、高次元からの力を借りることができます。

つまり、潜在意識や宇宙の力の登場です。

さっそく光でダイエットしてみましょう。

ダイエットだけではなく、やせて困っている人にももちろん効果を期待できます。また、ウエストラインや足首、おなかまわり、バストライン、二重あごなど、特定の場所にも効果を期待できます。

まず、自分のなりたいイメージを思い浮かべましょう。たとえば、こんな感じだとしましょう。

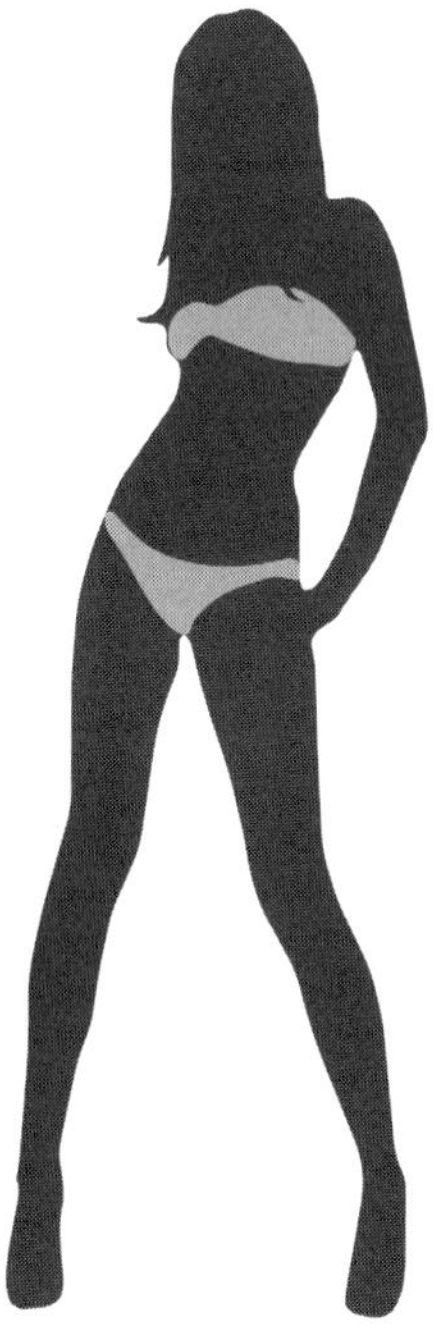

健康的な身体ですね。これでうまくイメージできる人は、光ワークは必要ないかもしれません。

うまくイメージできない人は、次に進んでくださいね。

肉体のないあなたの幽体を、粘土だと思ってイメージしましょう。あなたは粘土になったつもりになりましょう。

あたたか〜い光にすっぽりと包まれた粘土は、光の力で自由に形を変えることができます。

ためしに縮めたり引っ張ったりしてみましょう。

あなたの理想の体になるまで、光を十分に当てながら調整してみましょう。

たとえば二の腕。実際には少しふくよかな二の腕も、いっぱい光を当てて粘土を伸ばしてみると、あなたの肉体も時間差できれいに細くなります。ウエストや太ももや足首も……。

二重あごや形のよい大き過ぎず小さ過ぎないバストなど、自由にイメージして、粘土の体を光の中で創っていきましょう。


十分に光に包まれた自分の粘土の体をいじってみたら、そろそろちょうどよいと思うところで終了しましょう。

次に、自分の粘土の光に包まれた体が、あなたの理想の形で安定するようにしましょう。

光を当てていないと、あなたの粘土の体は伸び縮みできません。あなたの粘土の体を、光の中から開放してあげましょう。

これで、あなたの肉体をなくした幽体部分は理想の形になりました。

これから自分の体の矯正したい部分が出てきたら、肉体を剥がしてしまって、自分の幽体部分から整えてあげるつもりで、光に包んでから調整してみてくださいね。

目に見える世界だけからのダイエットではなく、見えない世界（高次）からのアプローチを上手に利用してみると、あっさり解決してしまうことがあります。

光ワーク類は、美容と健康に効果を期待できます。

おわりに

100%自分原因説「クリエイティブパワーメソッド」は、今までの潜在意識開発では行き着けなかった事柄にダイレクトに到達してしまうパワーを持っています。

思考は現実化するという本当の意味がわかった人から、次元がシフトしはじめています。

そして、自分の現実から思考を探求して、「どうやら本当に自分の現実は自分で創っていたらしい……」とわかると、自分の思考に責任を持つことをはじめると思います。

自分でしか自分の人生を変えられないことがわかったのですから、人生は何も怖いことはなく、ただ自分の思考に注意していればいいのですね。

そして、正しく送り出していけば、新しい人生になっていくこともわかってきていると思います。

新しい現実を創造しはじめても、相変わらず今までの現状と変わらないかもしれません。

または、思考の洗い出しをしましたので、しばらく現状より悪く感じるかもしれません。

そんなときでも現象に惑わされることなく、今、自分の望みが叶ったったらどんなにワクワクするか、どんなに幸せか、どんなにニヤけてしまうかをリアルに感じることが、早くに現実を変化させるコツです。

心のトリップをすると、だれでも容易に潜在意識とつながることができますが、つながったときは、宇宙とつながっているということでもあります。

宇宙とつながると、さまざまな光エネルギーを受け取れる体になり、他の人にも光エネルギーを放射することができる体になります。

潜在意識は最初から宇宙とつながっていますが、肉体は今まではつながる術を知らなかったのかもしれません。

100％自分原因説を学び、心のトリップで潜在意識とつながるようになると、あなたの肉体も宇宙と周波数が合うような状態になっていますので、さまざまなものを受け取れる準備ができています。

それを受け取るか受け取らないかは自分で決めることができます。

今までにもあなたは、宇宙から受け取ったもの（ギフト）があります。

それは、成功体験だったり、幸せな出来事だったり、何不足ない生活だったりしたことだけではありません。

ここに、あなたが肉体を持って存在している。それがギフトです。


あなたのまわりに存在する人も、あなたのためにあなたが存在させた人です。例外はありません。

すべてのものや人が存在していることが、すばらしくて、それだけでどれだけうれしいかを感じることができてくると、どんどん新しいメッセージを潜在意識から受け取れるようになります。

あなたのまわりに存在しているものや人は、ゼロからすべてあなたが創造してきたものです。あなたが便利だと思うものは、あなたの現実に次々に形になって現れています。

あなたよりも物事をよく知っている人は、あなたの未来です。あなたよりも未熟だと思う人は、あなたの過去です。

あなたは未来も過去も変える力を持っています。100%自分原因説で物事を考え、生活に活かしていくと、自分で実感できてくることでしょう。

また、100%自分原因説について少しずつ理解してくると、もっとたくさんの「どうして?」「なんで?」という出来事を探求したくなるかもしれません。

「100%自分原因で今の現実があるのなら、自分がこの世に生まれてきた目的はなんだろう?」

「自分しか存在していないのなら、まわりの人たちはなんなのだろう?」

「私の両親はなんなのだろう?」

「過去とはなんだろう?」

「未来は決まっているの?」

「歴史とは?」

「日本とは?　世界とは?」

「自分の住んでいるところは?」

「世界中の人とは？」

「宇宙とは？」

「幽霊とは？」

「前世はあるの？」

「死んだらどうなるの？」

「悟りたい」

「宇宙の始まりは？」

「無の状態とは？」


これらのことをだんだん疑問に思ってくるかもしれません。または、そのことが知りたいことかもしれません。さまざまな今までの錯覚が取れてきたら、自分ですべてわかるときが来ます。

現象に邪魔されて、見えない部分をしっかりと見ることができるようになり、まったくの矛盾のない思考が現実化する世界を隅々まで知ることができるようになります。

これからの生活の中で

100%自分原因説は、今のあなたにどのような変化をもたらしたでしょうか。

クリエイティブパワーメソッドをこれからの毎日に取り入れていくと、今まで「絶対に無理!」と思っていたことが、じつは軽くできてしまうことだったということにも気が付くかもしれません。

「思考は現実化するとしたら?」と考えて、自分の現実から思考を探求してみてくださいね。驚くほどたくさんのメッセージを受け取れます。

それと同時に、たくさんの幸せを受け取ることができるかもしれません。

クリエイティブパワーメソッドには、まだまだたくさんのワークがあります。

これからもサイトやブログなどでも公開していきたいと思っています。

100%自分原因説は、だれでも身につけることができます。クリエイティブパワーメソッドを使えば、自分ひとりで問題を解決できますが、錯覚の向こう側まで興味を持った方は、CPM2、CPM3(マスターコースやセラピスト養成講座)でもお話ししています。

自分で知りたいと思っていることは、近い未来に知ることができます。安心して何度もこの本を読んで、あなたの知りたいことを受け取ってみてくださいね。

そして、ワクワクするような素晴らしい未来（の記憶）を創っていきましょう。

最後までお読みいただきまして、ありがとうございました。

あなたにとって、今日も明日も明後日も、今よりももっと輝ける1日でありますように。

秋山まりあ

付録

イメージノート

イメージノートの書き方について

行動したことや見たことや聞いたことを書きます。
そして、それを見たり聞いたりして
どのように思ったかを書き出しておきます。
自分がどのような思考を送り出しているかがよくわかる
ようになります。

行動したこと・見たこと・聞いたこと 犬が捨てられていた それを見て（聞いて）感じたこと・いいたいこと かわいそう……。なんとかしてあげたいけれど私には無理だわ……。	行動したこと・見たこと・聞いたこと 朝起きて それを見て（聞いて）感じたこと・いいたいこと 眠いな。だるい。 あぁ今日も１日はじまった。
行動したこと・見たこと・聞いたこと 地震のニュースを見た それを見て（聞いて）感じたこと・いいたいこと どこだろ？　チリ？　関係ないや！	行動したこと・見たこと・聞いたこと 子どもがゲームばかりしている それを見て（聞いて）感じたこと・いいたいこと またやっている！　時間を決めてやりなさいといったのに…けじめのない子ね。なんでできないの。
行動したこと・見たこと・聞いたこと 彼のことを好きな女性がいるらしいとうわさで聞いた それを見て（聞いて）感じたこと・いいたいこと どんな人だろう？ 彼もきっとその人を好きになる……	行動したこと・見たこと・聞いたこと 旦那が加齢臭 それを見て（聞いて）感じたこと・いいたいこと あぁくさい！　一緒にいたくない。

こんなふうにどんどん気持ちを書き出します。

右ページで書き出したことに対して、
心の中で思っている本音を確認します。

行動したこと・見たこと・聞いたこと 犬が捨てられていた それを見て（聞いて）感じたこと・いいたいこと かわいそう……。なんとかしてあげたいけれど私には無理だわ……。 どうにもならないこともある。何もできない。	行動したこと・見たこと・聞いたこと 朝起きて それを見て（聞いて）感じたこと・いいたいこと 眠いな。だるい。 あぁ今日も１日はじまった。 さぼりたいなぁ。面倒くさいなぁ。
行動したこと・見たこと・聞いたこと 地震のニュースを見た それを見て（聞いて）感じたこと・いいたいこと どこだろ？　チリ？　関係ないや！ 日本に住んでいてよかった。 ひどい状況だな……。	行動したこと・見たこと・聞いたこと 子どもがゲームばかりしている それを見て（聞いて）感じたこと・いいたいこと またやっている！　時間を決めてやりなさいといったのに…けじめのない子ね。なんでできないの。 どうしようもない子。やればできるのに。
行動したこと・見たこと・聞いたこと 彼のことを好きな女性がいるらしいとうわさで聞いた それを見て（聞いて）感じたこと・いいたいこと どんな人だろう？ 彼もきっとその人を好きになる…… 私は振られる。 あの人、どこかに行ってくれればいいのに。	行動したこと・見たこと・聞いたこと 旦那が加齢臭 それを見て（聞いて）感じたこと・いいたいこと あぁくさい！　一緒にいたくない。 本当にそばにいたくないなぁ。

自分の心の奥で思っている
ブラックな本音の部分を確認します。

思考部分だけを抜き取ってみると……

かわいそう
眠い
どこかに
行けばいいのに…
面倒くさい
そばにいたくない
何もできない
だるい
どうにもならない
こともある
一緒にいたくない
日本でよかった
さぼりたい
けじめのない子
ひどい状況だな…
やれば
できるのに…
なんでできないの
関係がない
私には無理…
振られる
他の人を好きになる
どうしようもない子

とんでもないほどネガティブな思考があったことに気がつくことができます。

「こんなにたくさんのネガティブな思考を送り出してきたんだ！」
という事実がわかります。

そして、そういう自分がわかったら、
今後はどうしたいかを自分で決めます。

ネガティブな気持ちを引っ込めても、行き場を失った気持ちは
表現できる場所を探し、他の人に自分の気持ちを投影させます。

自分が引っ込めた思考を他の人が引き継ぎますので、怒りの思考を引っ込めた人は人から怒りをぶつけられるような気がして不安になります。

また悲しい・寂しいなどの感情を引っ込めた場合は、
周りの人から悲しい状態になるようにされるかもしれません。

イメージノートをつけて思考を書き出して、思考を確認できるようになると修正もできるようになっていきます。

第１段階では、自分の思考をしっかりと確認しましょう。
第２段階では、その思考は自分にとって必要ないと認めます。
第３段階では、思考を修正します。

思考の修正法は、じっくりとこの本や個別セッションなどで身につけましょう。

◎著者プロフィール

秋山まりあ（あきやま　まりあ）

Creative Power Japan Inc. 代表取締役 CEO・ＩＴコンサルタント・催眠心理療法士・心のコンサルタント。
東京生まれ。ジョセフマーフィーの本を読んだことをキッカケに潜在意識開発に取り組みはじめる。独自のメソッドＣＰＭを確立。潜在意識開発の方法をわかりやすく伝え、すでに2,000人以上がＣＰＭによって自身の変化を体験している。現在は、アメリカと日本を行き来しながら、タレントや医師など世界中に多くのクライアントを抱え、後進の育成にも励んでいる。

ブログ『一瞬で願望がかなって幸せになる方法』
http://ameblo.jp/sennsaiisiki/

100%自分原因説で物事を考えてみたら……
–Creative Power Method–

発行日	2012年 9月28日 第1刷発行 2014年 11月1日 第13刷発行
定　価	本体1680円+税
著　者	秋山まりあ
デザイン	JOUJI 未来
スタッフ	鈴木 亮　北山 悟　齊藤 史朗　渡嘉敷 俊充　鴨頭 すみれ
発行人	菊池 学
発　行	株式会社パブラボ 〒101-0043 東京都千代田区神田富山町 8番地 TEL 03-5298-2280　FAX 03-5298-2285
発　売	株式会社 星雲社 〒112-0012 東京都文京区大塚3-21-10 TEL 03-3947-1021
印刷・製本	シナノパブリッシングプレス

ISBN 978-4-434-17038-6